写真集

日本近代化へのまなざし

韮山代官江川家コレクション

江川文庫
［編］

東京大学史料編纂所古写真研究プロジェクト
［編集協力］

吉川弘文館

第37代江川家当主の江川英敏肖像写真

江川家の手附であったジョン万次郎が、アメリカから持ち帰った写真技法と器材で万延元（1860）年頃に制作したアンブロタイプの写真。画像のないガラス裏面には黒い樹脂が塗布されており、裏返してガラス板上の画像層を表にし、その上に保護のため別のカバーガラスを重ねるアンブロタイプの特徴を見ることができる。

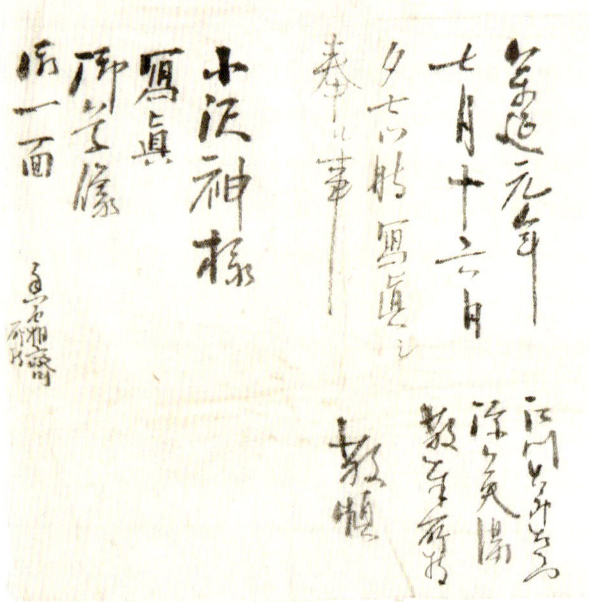

万延元年撮影の小沢太左衛門肖像写真

包紙に「万延元年七月十六日、夕七ツ時写真シ奉ル事、小沢神様写真御尊像御一面」とある、当時の日本ではジョン万次郎以外には技術を習得していないアンブロタイプの写真。江戸の江川邸の動きを記した「御出府日記」には、万延元年７月に万次郎が同邸内で来客者を相手に写真撮影を行なっていたことが記されている。

西洋式ケースに収められた江川英敏肖像写真

万次郎はアンブロタイプの写真技術だけでなく、写真を装飾したケースに入れて鑑賞作品として仕上げる手法と材料をアメリカの写真館で学び導入し、西洋社会で根付いていた写真文化をいち早く持ち込んだ。

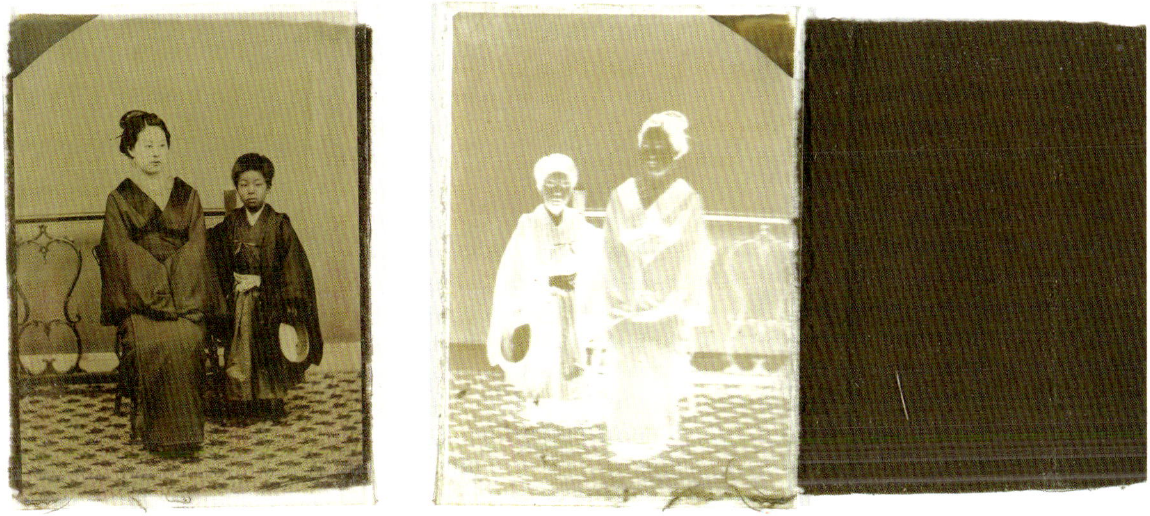

湿板写真により制作された江川英子と高杉東一肖像写真

左：裏返しにしたガラス原板の下に黒布を敷いた湿板写真。中央：湿板写真のガラス原板（画像層が表の状態）。右：ガラス原板の下敷きとなる黒布。日本で湿板写真（アンブロタイプ）と称される写真は、被写体が鏡像で明暗が逆転している陰画（ネガ）のガラス原板を裏返し、その下に黒布などを置くか、直接画像層上に茶褐色の色材を塗布して陽画（ポジ）画像を得ており、オリジナルのアンブロタイプの仕様とは異なる。

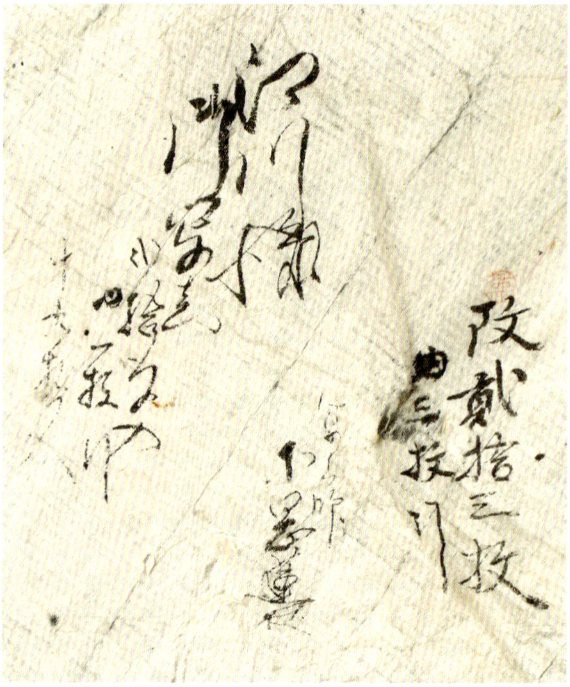

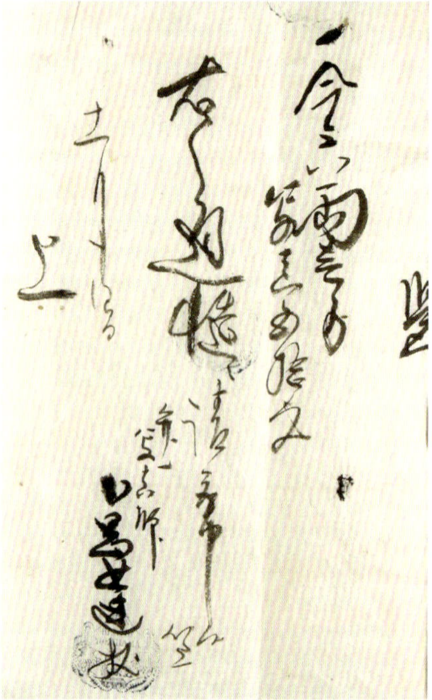

下岡蓮杖写真館で撮影された江川英武名刺写真と関連史料

明治４年11月に岩倉使節団とともに渡米する直前に、下岡蓮杖写真館で撮影。台紙裏の富士山をモチーフにしたスタンプ（中央）。下岡蓮杖から納品されたときの包紙（右上）と領収書（左下）には下岡蓮杖の署名もみえている。全部で80枚と大量の写真を用意していた。

渡米中の江川英武肖像写真と写真アルバム

英武は日本ではほとんど制作されることがなかった、漆塗りやエナメルで黒くした鉄板上の湿板写真であるフェロタイプ（ティンタイプ）と呼ばれる写真をアメリカの写真館で作製し、現地の知人や友人らと交換をした。英武の手元に集められた写真は、西洋式の写真アルバムに収められ持ち帰られた。英武肖像写真の類には彩色が施されている。

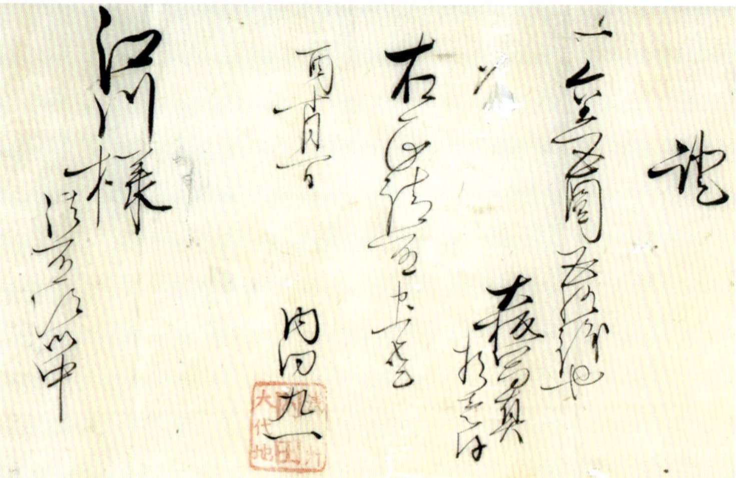

記
一 金五円五十銭也
但 大板写真 拾壱枚
右正ニ請取申候
酉十月一日 内田九一
江川様
御取次中

内田九一撮影の大阪西本願寺・玄関写真と領収書

明治天皇の西国巡幸に附属して名所を撮影した内田九一は、その後もネガ原板を持ち続け、紙焼き写真を制作して販売していた。江川家では、内田九一から明治６年10月１日に「大板写真十一枚」を「金五円五十銭」で購入し、その時の九一自筆の領収書（下）も残されている。購入した写真にはいずれも、肥田浜五郎（為良）の意見により「裏打」が施されている。

荒廃した明治30年代の反射炉と現在の反射炉

創建時の反射炉は漆喰で保護されていたが、昭和の大修理で漆喰を剝がし、鉄骨を組んで補強した。

現在の江川邸（母屋の玄関と裏）

1960年から２年間かけた解体修理で、玄関などを除いて文化年間の姿に復元された。ただし屋根は茅葺きから銅板葺きに変更された。

はじめに

源頼朝、北条早雲をはじめとするさまざまな歴史上の人物とゆかりの深い伊豆の国市韮山。江川家もまた850年の長きにわたりこの韮山で歴史を刻んでまいりました。

江川家に代々伝わる歴史的史料がより多くの方に活用されることを望み、41代当主であった父・江川滉二は静岡大学人文学部教授であった湯之上隆氏に史料の全体像を把握するための総合調査の相談をいたしました。その結果、平成14年、元東京大学史料編纂所長宮地正人教授を団長とする調査団が結成されることとなったのです。この江川文庫の総合調査は静岡県が主体となり、国からの補助、伊豆の国市の支援をいただき行われました。当初、調査期間を５年と見込んで始まった総合調査でしたが、新たな資料が次々と発見されたため、第二次総合調査の承認をいただき、継続して調査を実施することとなりました。最終的に約10年にもわたる調査でしたが、調査に関わった方々の大変な熱意と努力により約７万点という膨大な史料数を掲載した８冊にまとめられた報告書を刊行することができました。

平成25年６月、これらのうち「韮山代官江川家関係資料」として38,581点が重要文化財の指定を受けました。それとは別に日本の写真史を明らかにするうえで必要不可欠な史料ということで江川家に残る写真が別立てで指定を受けました。江川家には江戸時代から昭和初年頃までに撮影された写真多数が保存されており、中でもとくに貴重な明治時代前半までの461点が「江川家関係写真」として重要文化財に指定されたのです。ジョン万次郎により万延元年に撮影された幕臣小沢太左衛門の写真のように大変古い写真から、岩倉使節団の一行として米国留学した38代当主英武の撮影によるものなど多種多様なものが残っております。平成27年７月に世界遺産に登録されました韮山反射炉を写した写真は反射炉の保存の歴史を語るうえでも大変貴重なものです。

今回、東京大学史料編纂所保谷教授から吉川弘文館より写真集を刊行したいというお話をいただき、われわれ財団にとりましても大変ありがたく願ってもないことであると快諾をいたしました。写真の歴史を伝えるものとしてこの江川家の写真を役立てていただけることは大変嬉しいことであります。江川家史料が活用されることを望んだ父・滉二もきっと喜んでいることに違いありません。多くの方がこの本を手に取ってくださることを望んでおります。

平成28年２月吉日

公益財団法人江川文庫代表理事

江　川　　洋

目　次

江川文庫の歴史と概要

公益財団法人江川文庫
橋　本　敬　之

江川文庫とは、近世を通じて韮山《にらやま》代官であった重要文化財江川家住宅、史跡韮山役所跡、さらに重要文化財韮山代官江川家関係資料および江川家関係写真という史跡、資料群を管理する公益財団法人を総称する。

江川家の歴史の概略を述べておこう。江川氏は清和源氏《せいわげんじ》の流れをくむ源満仲《よしなか》の次男頼親《よりちか》を始祖とし、大和国宇野《うの》荘（奈良県五條市）に本拠を構え、宇野氏を名乗っていた。平氏の勢力が強くなり、保元元年（1156）に起こった保元の乱の時、乱を避けて伊豆に入り、韮山（静岡県伊豆の国市韮山）八牧《やまき》（山木）の地に落ち着いたといわれている。この時、９代親信《ちかのぶ》で、家来13人を伴っていた。

治承４年（1185）源頼朝が伊豆で旗揚げをしたとき、子吉治《よしはる》が頼朝に従い、江川荘を賜ったという。16代英親《ひでちか》はその頃、伊豆に流されていた日蓮に深く帰依し「優婆塞《うばそく》日久」と号し、本《ほん》立寺《りゅうじ》（江川氏累代の菩提寺）を開いた。この時期に江川氏は家屋を建設し、日蓮直筆の棟札を賜ったという。そのお陰をもって、江川氏の住宅は地震や火災などの被害に遭ったことがない、といわれている。当時の棟札といわれるものも保管している。

江川家には、この御利益のある棟札の写しを所望する人が引きも切らず、版画で刷って渡すことにした。天明元年（1781）に受け取った人がいるというのがもっとも古い記録である。また、明和４年（1776）、河村岷雪《かわむらみんせつ》（生没年不詳）が描いた『百富士』に今と同じたたずまいを伝える絵が描かれている。

鎌倉時代の様子は家譜に記載されていることしかわからず、信憑性もないと思っていた。しかし、近年の調査により、天文《てんぶん》・法華《ほっけ》の乱を報じる京都本国寺日助から江川家宛書状等を何通か保管していること、後北条家の虎の印判のある文書類残り状況からすると、伝説に言われていることの真実味が増してきている。

室町時代に至り、23代英住は伊豆国守護の山内上杉《やまのうちうえすぎ》氏に仕えていた。明応２年（1493）秋に北条早雲《ほうじょうそううん》が伊豆に侵攻すると、その家臣になった。この時、早雲に江川酒を献上し、養老の酒のようだと賞美を受けた。天文20年（1551）には立野郷（下田市）30貫文の安堵を北条氏から受けている。江川家周辺の金谷郷をはじめとする領地も認められた。徳川幕府支配になって、立野は除かれるが、金谷、山木など13ヵ村4908石の支配地をもつことになり、これを旧領地としている。北条氏からの領地を安堵され、徳川幕府になって、代官支配地として認められたため、ここから上納される年貢の10分の１を受け取る権利を得たものと思われる。

江戸時代の伊豆が天領であったことは周知のことと思われる。伊豆の天領＝韮山代官江川氏の一元支配、すべて韮山代官の支配地であったと思っている人が多いと思う。しかし、実際に韮山代官の支配の村は少なく、江戸幕府創設期は韮山周辺の旧領地といわれる13ヵ村だけの支配で、当時は市川や諸星、河合などといった小代官が併立していた。

その中で、韮山代官を除いた小代官は徐々に淘汰され、寛永19年（1642）には三島代官支配地と下田奉行所だけになり、三島代官は豆州代官とも呼ばれるようになった。伊豆全体ではおよそ８万6000石の土地があるが、幕末の韮山代官支配地は１万2000石程度で、残りのほとんどは譜代大名領か、旗本の知行地となっていた。しかし、これも天領の範疇のなかでの動きで、支配が代わるたびに、代官が預かることになる。

32代英勝は享保４年（1719）「代々職にあるのところ、先祖よりの負金上納滞納に及びしにより厳科に処せられるべき」ということであったが、毎年返上納を続けることで、このことは許された。その後、同８年相模国にある花水橋および戸塚往還圦圦《いり》樋《ひ》等修造のために手代の不正を監督しなかったという理由で罷免となった（『寛政重修諸家譜』）。韮山代官の地位を奪われ、無役で韮山の屋敷に居住することとなった。江川家の養女として徳川家康の側室となったお万の方が、御三家の内の水戸・紀州家の元となった頼房・頼宣を生んだこと、享保の改革を推し進めた８代将軍吉宗以降将軍職を紀州家が襲封することとなり、江川家は取りつぶしを免れたのではないかと推測する。

33代英彰《ひであきら》は享保16年に跡を継ぎ、韮山屋敷に居住していた。寛延２年（1749）江戸に出府して勘定役に任命されたので、韮山屋敷の取り片付けのため、帰国しようとしたとき、「希代の旧家であるので、取り払わず、留守居をおいて管理する」よう仰せ渡された。

翌３年５月代官に復し、本所三ツメに役宅をもらい、常陸・下総から下野・陸奥までの４万石を支配した。そして、宝暦８年（1758）韮山代官に復帰した。残念ながら、英彰は韮山の自宅へ戻ることなく死去した。

伊豆の天領は、それまで三島代官役所が中心になって治めていた。韮山役所は江川氏の罷免以来機能せず、旧領といわれた韮山周辺の支配地、保元の乱以後13人の家来が江川家の小作となって居住していた金谷村も三島代官の管理下に置かれた。三島代官は江川家の小作であった住民に対して管理者を置き、年貢の徴収にあたった。

宝暦８年に韮山復帰が決定したが英彰は叶わず、実質的には同９年、子である英征《ひでゆき》が韮山代官に就任し、その跡を継ぐことになり復帰した。支配地は伊豆・相模・甲斐５万石である。その空白期間は代官頭伊奈半左衛門預かりとなっていた。

復帰後の韮山代官の支配地は前述のように少ないが、支配する村を点在させ、また、一村の一部を治めることによって、天領全体の管理が行き届くような配置方法をとっていた。これにより、代官巡見、廻村等を行うことで、とくに治安面の不安を解消していた。江川氏の韮山復帰を機に、三島役所を出《で》張《ばり》陣屋として、江川氏韮山役所が伊豆国天領支配の要となった。

英龍《ひでたつ》は享和元年（1801）５月13日、父江川英毅《ひでたけ》と母久の次男として生まれた。邦次郎（幼名芳次郎）を通称し、文化８年（1811）11月１日父英毅から「英龍」の名乗りをもらい元服した。数えで11歳、満10歳であった。長兄英虎の死により36世嫡子となり、天保６年（1835）35歳で代官に就任した。号は坦庵《たんなん》といい、字名を九淵といった。

英毅は進歩的な考えをもち、文政３年（1820）には、「日出入昼夜時刻計算書」を手に入れ、同７年には月食日時を計算、「測量考」という原稿を仕上げた。文化７年には、「数学金谷編」を作成し、数学問題を英虎・英龍兄弟に出題させた。英龍が１、３番、英虎が２、４番目を作問している。

天文学から測量にも興味が広がった。伊能忠敬《いのうただたか》との交流もあった。江川文庫には伊能忠敬からの手紙類は残っていないが、伊能記念館で入手した伊能宛て英毅の手紙がある。伊能忠敬が行なった全10回の測量のうち、第２次測量では享和元年４月２日江戸を出立しての調査で、伊豆の海岸線のみの測量を行なった。第９次測量は忠敬が高齢のため参加せず、永井甚左衛門を隊長として文化12年４月27日江戸を出立、三島から入り、５月２日は韮山泊で下田往還から東へ測量しながら、韮山代官役所を訪問している。こうした父母の教えと愛情を受け、英龍の科学的な観察力、考え、進取の精神が育まれた。

江川文庫の厖大《ぼうだい》な史料群の多くを占めるのが英龍関連のものである。彼が生きた時代は幕末期で、日本が諸外国から開国を迫られていた。彼は進取の気概をもって、代官として領地の支配だけでなく国の将来に向かっての仕事をたくさん手掛けた。

英龍が代官に就任した後、天保９年郡内騒動後の甲斐国都留《つる》郡支配を命ぜられた。都留郡は支配が難しい地域で、家臣の斎藤弥九郎と刀剣の行商を装い、視察を行なった。その結果、郡内は安定し、喜んだ農民は初午の節句に「世直江川大明神」と記載した紙幟《のぼり》をたてた。当時、全国的に飢饉が広がり、各地で治安が不安定な状況が続いていた。飢饉対策として結社された尚歯会《しょうしかい》はその後、高野長英、渡辺崋山ら蘭学研究者の集まりとなって、蛮社《ばんしゃ》の獄《ごく》へつながっていく。

英龍は隣国の清がアヘン戦争で敗れたことに危機感をもち、西洋砲術採用を提案した高島秋帆《しゅうはん》を支援した。実際に挙行された徳丸原《とくまるがはら》（現在の東京都高島平団地）演練の結果、幕府はこれを採用する方針だったが、あくまで反対の目付・鳥居耀蔵《とりいようぞう》は秋帆に謀反の疑いをかけ逮捕、結局実現しなかった。その後、老中水野忠邦の失脚などもあり、英龍は不遇の時代を、韮山塾で門人を教育、研究、兵書の翻訳などで過ごした。

この時期、幕府から離れ、多くの門人を教育することで、いつか日本のために役立つ人材が育つという信念が、英龍の主催する山猟にはみえる。また、この頃が韮山での塾の発展期とも考えられ、大砲の鋳造試射なども盛んに行なっている。門人は、幕府の親藩、旗本ばかりではなく、西南雄藩からも取っている。英龍は安政２年（1855）１月16日死去するが、同年２月に提出する予定で草稿した「学問所規則覚書」の宛所が老中阿部正弘となっており、その中に、朝四つ時からの講義に聴講できるものの資格として、「御目見以上以下・陪臣・浪人・百姓・町人に至るまで聴聞勝手次第」としている。

代官として伊豆を含む支配地を任され、江戸を守るために下田の防衛の重要性を訴え、天保13年に最初の建議書を提出した。さらに嘉永２年（1849）イギリス船入津によって支配地である下田警備の指揮を命じられた英龍は、農兵を採用して警備に当てることを、勘定所宛てに建議している。幕府の直轄地では農兵を組織することができなかったので、それは簡単に採用されなかった。下田警衛には沼津藩や小田原藩が組織した農兵があたっていた。しかし、小田原・沼津とも下田からは遠く、問題が発生してもすぐに駆けつけ、警衛することはできない。その時も英龍がすぐに駆けつけたわけで、百姓・町人が武芸を身につけることは不可能であることは承知のうえ、韮山屋敷最寄り支配所の村々から人物確かな百姓を選び、砲術・武術を稽古させ、緊急の場合は集合させたいというものであった。

嘉永６年ペリーが浦賀へ迫り、諸外国の開国要求に対する沿岸警備や治安維持のために、再び弊風改善・海防策・農兵制度の提案をした。英龍没後、英敏・英武の時代、韮山・三島をはじめ各地に調練場を設置した。同年には品川沖に海上砲台（台場）建設に取りかかり、鉄製大砲鋳造のため反射炉建設の命令を受けた。反射炉は英龍没後、安政４年11月に完成をみた。農兵制度も元治元年（1864）に採用され、調練が行われるようになった。

安政元年開国交渉で下田を訪れたロシアのプチャーチン提督のディアナ号は、11月４日に発生した大地震により座礁、修理のために戸田へ回航中、嵐のため沈没した。英龍は勘定奉行川路《かわじ》聖謨《としあきら》らの依頼で、日本で初めての洋式帆船建造の指揮をとり、英龍没後完成、「ヘダ号」と名付けられた。

ペリー、プチャーチンの来航と幕政もまた多忙の最中、露艦建造の公務を帯びて伊豆戸田港にあって勘定奉行兼外国奉行の恩命に接し、厳寒、病苦を押して出府したが病状悪化、安政２年１月16日死去、本立寺（伊豆の国市金谷）に葬られた。水戸斉昭の見舞いもあり、老中・阿部正弘は弔歌一首「空蝉は限りこそあれ真心にたてし勲は世々に朽ちせじ」と詠んだ。院号は修功院英龍日淵居士、妻は越（北条氏、～文久２〈57歳〉歿）という。

英龍の跡を引き継いだ37代英敏は20歳で死去、その後最後の代官、韮山県知事に就任した38代英武と続く。英武は明治４年岩倉使節団とともにアメリカへ留学し、帰国後内務省、大蔵省造幣局へ勤める。

江川家は、以上述べてきたように、中世以来の在地領主の系譜を引き、江戸時代のほぼ全期間、旗本として韮山代官を世襲した。現在伊豆の国市韮山に所在する江川文庫には、江川家から引き継がれた中世以来の庞大な史料が保管されている。これらは、江川家の歴史はもとより、幕府代官所の職務や支配の実態を知るうえで貴重な基礎史料である。加えて江戸時代後期から幕末維新期の史料の中には、日本の政治・軍事・外交史研究上非常に重要なものが含まれる。さらに、英武時代の明治初期の政府、地方行政のあり方を知ることができる史料群が連綿と残されている。

いっぽう、幕末から昭和初年頃までに撮影された写真約1100点も保存されている。これらの写真群は、撮影の経緯や場所などが文書等から確認できることが大きな特徴であり、日本の写真史を明らかにするうえで不可欠な資料である。

これらのことから、多くの収蔵品の中でも、古文書や書籍、書画、陶磁器、武器や武具のうち、とくに重要な約３万8581点が「韮山代官江川家関連資料」として、写真資料のうちとくに貴重な明治時代前半までの461点が「江川家関係写真」という二本立てで、平成25年６月19日の官報告示をもって重要文化財に指定された。

文庫調査は、静岡県が文化庁の指導の下、平成14年度から11年間にわたって実施した。この調査によって、古文書をはじめとして多岐にわたる、きわめて重要な資料が保存されていることが明らかになった。報告書を３期にわたって８冊刊行し、目録化されたものだけでおよそ７万点にのぼる。

本資料群は幕府代官として備えておくべき公文書が中心で、地域の歴史、地域と幕府の結びつきを知るうえでも貴重な資料である。とくに、幕末、諸外国からの開国圧力が強まるなかで収集され、使用された文書や洋書・訳書、図面、銃砲・台場の模型、測量器具などは、江川家が積極的に海防や西洋技術の導入に取り組んでいたことを示す。

江川文庫に所蔵されている写真コレクションの中で一番古い一群は、中浜万次郎（ジョン万次郎）が撮影したものである。ジョン万次郎は遣米使節団として派遣された際、写真機を購入して帰国、江川家の江戸屋敷で数多くの写真を撮った。

また、江川英武は、岩倉使節団の一行として米国留学し、その際多くの写真を撮影した。その他、下岡蓮杖などの国内有名写真師のものや、海外の写真館で撮られたものも保存されている。

解説１

江川文庫調査と古写真コレクション

保　谷　　徹

１　江川文庫の古写真コレクション調査

江川文庫が所蔵する古写真類（写真史料）は、10年ほど前まではほとんど知られてこなかったコレクションである。2002年、江川文庫の総合的な調査が開始され、邸内各所に写真史料が分散して保管されていることが次第に明らかになった。そこで、2006年からその本格的な調査を開始することになったのである。

古写真調査は、江川文庫調査団（団長：宮地正人東京大学名誉教授）と連携し、東京大学史料編纂所附属画像史料解析センターの古写真研究プロジェクトで実施した。とくに、2009年度からは日本大学大学院の写真学研究室（高橋則英教授）の協力を得て、古写真全点のデジタル撮影と目録作成に取り組んだ。この調査によって作成された目録には、1172件、同一画像のものを含めて総計1703点が収録された※。このなかには写真箱や包材、絵葉書の一部なども含まれており、また古文書・書画など所蔵品を複写したものや、さらに大正期以降のネガ類を除くと、写真画像としてはおおむね600点程度になった。2013年６月、このうち所蔵品の複写を一部含む461点が「江川家関係写真」として国の重要文化財（歴史資料）に指定されている。

コレクションに含まれる写真史料を時代のまとまりごとに整理すると、第一期は幕末維新期である。中浜万次郎《なかはままんじろう》撮影によるアンブロタイプ写真が含まれる。第二期は明治初期：江川英武《ひでたけ》の在米期間とした。第三期・第四期の区別は判然としないが、第三期はおおむね英武の帰国後から明治中期まで、第四期を英武晩年から息子英文《ひでぶみ》の時代（明治後期から昭和期）までとした。

※その後、明治期の写真数十点程度が邸内で新たに発見されており、それも今回の写真集に収録する対象に含めている。

2　コレクションの概要

幕末維新期

　江川文庫の古写真コレクションのうち、中浜万次郎撮影によるアンブロタイプ写真群がもっとも古く、特徴的なものである。土佐の中浜万次郎は1841（天保12）年に漁に出て漂流したのち、米国船に救われて諸科学の教育を受けた。1851年に帰国した万次郎を江川英龍《ひでたつ》が見込んで手附としたのである。万次郎は1860（万延元）年、遣米使節別行隊として咸臨丸《かんりんまる》で渡米し、サンフランシスコで写真術を学んで写真機と薬品を購入した。万次郎の写真については、写真技術の解説とともに谷昭佳論稿に譲りたい。

　江川英龍（1801-1855）の息子、若き代官江川英敏《ひでとし》（1843-1862）の肖像写真は、今回の調査で「発見」された。万次郎撮影によるものである（写真ページ１章の１～３参照。以下、1-1～３のように記載）。このほか、万延元年（1860）７月撮影とされる幕臣小沢太左衛門、翌年の侍医・手代の肥田春安、手代雨宮中平らの写真がある（1-6～8）。いずれも包紙の書き込みから英敏が所持したものと思われる。手代松岡正平らの写真複製は、もともと万次郎撮影のアンブロタイプ写真であったが、1910（明治43）年秋に日本橋三越で開催された展示会へ万次郎撮影として出品されたものと言われている。オリジナルは英武の長女の夫山田三良《さぶろう》が所蔵していたようだ（1-9,10）。

　この英敏は1862（文久２）年に亡くなり、弟の英武（1853-1933）が家督を継いだ（代々太郎左衛門の名を継承）。1864（元治元）年の裏書がある英武の湿板ポジ写真が残されている（1-11）。ガラス面は他の万次郎撮影のものより一回り大きく、額装されて裏が封印されているため、撮影者は未確認のままである。

明治初年代：英武の米国留学時代

　最後の代官江川英武は、幼くして跡目を継ぎ、維新後、韮山《にらやま》代官所が韮山県に移行するとそのまま知事をつとめたが、廃藩置県後の1871（明治４）年９月29日、「海軍将師学并砲術修業」のために米国留学を命じられた。海軍出費による官費留学生である。このとき、手代森田留蔵も「海上砲術修業」のための米国留学を命じられ、英武と同行することになった。この年12月、江川英武は岩倉使節団とともに米国に出発する。帰国は1879（明治12）年末であり、正味８年間を米国で暮らすことになるのである。

英武は出かける直前、横浜の写真家下岡蓮杖《しもおかれんじょう》のもとで大量に名刺代わりの肖像写真（名刺写真）を作成して持参した。11月14日に50枚分、金６両１分、同16日に30枚分、金３両１分の領収書が残されている（口絵参照）。コレクションには、裏面に蓮杖のスタンプが入った名刺写真があり、蓮杖から届けられた際の包紙も含まれている（２-１,２）。

米国留学中のコレクションは、大型のアルバムのほか、「英武公在米中」と表題を付した木箱などにまとめられていたが、すでに当初の秩序は失われ、さまざまな性格のものが混在している。アルバム「Photographic Album」（口絵参照）は、フィラデルフィアのAltemus社製で、蝶番《ちょうつがい》の部分が1863年７月21日付けの特許と表記されている。ここには鶏卵紙《けいらんし》の写真プリント計156点が収められていた。岩倉使節団の主要メンバーでは、岩倉具視、大久保利通、木戸孝允、伊藤博文などの名刺写真が揃っており、なかでも大久保のものは大判で、著名な写真師ワトキンス（Watkins）撮影によるものであるという（３-３）。

〔ピークスキル兵学校時代〕

1872年、江川英武は使節団と分かれ、ニューヨーク北方70kmほどのピークスキル兵学校（Peekskill Military Academy、以下PMA）に入学した。英武は韮山にいた二人の叔母、三畿《みき》と多以《たい》に宛てて次のような報告を送っている。

> 差し上げ候写真の内、一ツ全身の方は「ヒーキスキル」学校の「ユニーホルム」（揃の軍装）に御座候、○「ピーキスキル」着の上は御安意の為、速やかに書翰を差出すべく心得のところ、日々の学業に逐われ甚だ遅滞し御恐れ入り候（後略）
>
> （1872年３月８日付両叔母宛江川英武書翰）

英武はピークスキルで写真を撮り、韮山に送ったというのである。包紙に1872（明治５）年の「四月一日（西暦５月７日）到来」とあるフェロタイプ写真がこれに当たると思われる（３-61）。ピークスキル市内のパーキンス（Perkins）写真館のものである。

1872年のクリスマス休みに英武はニューヨークへ出て写真を撮っている。「○先日新約克（ニューヨーク）へ参り候節写真を取り候、差し上げ候あいだ、私壮健の姿を御一覧、御休意なしくださるべく候」（1873年１月１日付両叔母宛江川英武書翰）と韮山へ書き送った。この写真は、ブロードウェーのボーガルダス（Bogardus）が撮影した名刺判写真だと思われる（3-2）。写真の裏には「My Dear Aunt、御叔母様、江川英武、Compliment of H.T.Yegawa」とペンで書き込みがある。

PMAは1833年に創設され1968年に閉校したが、現在でも同窓会組織があり、1880年代の校舎の様子などをウェブ上で公開している。コレクションには、校舎前で演習をする様子のほか、級友や教官・職員と交換した名刺写真などが含まれる。また、制服姿の集合写真も校舎前の記念写真であることがわかる（3-35など）。古い樫の木は少なくとも最近まで市内で保存されていたという。ピークスキルでは、シャーウッド（Sherwood）、ビール（Beale）、ハミルトン（Hamilton）などの写真家の名前が確認できる。

1872年夏頃、英武はピークスキルのやや北方ハイランド・フォールズ（Highland Falls）の学校で学んでいる。ここは、のちにPMAの教師となるロバート・ドナルドが校長（principal）をつとめるドナルド・ハイランド専門学校（Donald-Highland Institute）で、どうもウェストポイント士官学校を目指す予備校的な性格のものであったようだ。英武は兵学校の教師より教え方が親切だと叔母に書き送っている。

〇当校の教師は大いに「ヒーキスキル」の教師とは異なり、大いに深切の教授致し呉れ候あいだ、此儀は御休意くださるべく候、（中略）三白、写真を差し上げ候、此は前に差し上げ候よりは少しく宜しく候哉と存じ候

（1872年６月頃、両叔母宛江川英武書翰）

このとき韮山へ送った写真は、裏の書き込みから、５月31日にニューヨーク・ブロードウェーのフレデリクス写真館で撮影したものを、６月12日に発送したものであることがわかる（3-1）。

1879年７月、英武は日本への帰国を前に、再びピークスキルの町を訪れている。現地の新聞記事によると、英武は1872年３月にPMAに入学し、ウェルズ（Albert Wells）のもとで学んだ。大久保利和と牧野伸顕の兄弟も一緒だったが、彼らは何週間かしてフィラデルフィアの学校へ移ったという。同行の森田留蔵はほとんどピークスキルにはおらず、冬はフィラデルフィアで農業を学び、夏の間は各地を遍歴していた。英武は1872年６月にドナルドの専門学校へ入り、もと彦根藩士の相馬永胤《ながたね》らと学んだ。しかし、翌年ドナルドがライト大佐（C.J.Wright）とともにPMAを共同で（校長として）担当するようになると、英武はPMAに戻り、1875年まで勉強を続

けた。英武は成績優秀で、カデット・キャプテンCaptain of Cadetsとなったという（“The Democrat”1879年７月26日号）。1874年、PMAには井伊直達《なおあき》（もと彦根藩主直憲の末弟）や石黒太郎（もと彦根藩士）も在籍し、何人かの日本人留学生の名刺写真もコレクションに含まれている。

〔内田九一の大判写真〕

コレクションの鶏卵紙写真には、この時期の東京や横浜の役所・諸施設の写真なども含まれるが、特筆すべきは、内田九一《くいち》が撮影した日本各地の大判名所写真であろう。これは明治天皇の西国巡幸に附属した内田が、そのとき撮影した名所写真をその後も販売していた証左と言われ、その領収書も残されている。1873（明治６）年10月１日、内田九一から「大板写真十一枚」を「金五円五十銭」で購入した領収書である（口絵参照）。

この購入事情に関しては江川文庫に残る江川英武宛柏木忠俊書翰（10月３日付）によると、①米国で世話になった人々へ謝礼の品を用意したいと英武が希望したこと、②修行中であるので不要だと肥田浜五郎は判断したが、結局、河瀬《かわせ》真孝《まさたか》（実妹の夫）の土産にしても最上だということなので、③内田九一から日本名所の写真を取り寄せて肥田が選んだこと、④一枚200疋《ぴき》であったことなどが記されている。200疋を金２分とすれば、写真は一枚50銭（１円＝１両の半分）で、領収書ともつじつまが合う。結局、購入した写真は何らかの理由でそのまま江川家に残されたということなのであろうか。

〔ラファイエット大学時代〕

1874年、政府の方針が変更され、官費留学生にいっせいに帰国命令が出された。しかし英武はただちに滞留延期を願い出ており、PMAを修了したうえで、さらに私費で米国に留まる道を選んだ。1875年９月、英武は、ニューヨーク西方110kmほどに位置するペンシルヴァニア州イーストン市（Easton）の名門ラファイエット大学（1826年設立、Lafayette College、以後LC）に入学した。大学新聞The Lafayette Journal第１号（1875年９月）に９月入学の新入生リストがあり、H.T.Yegawaの名前が確認できる（第３章扉参照）※。英武は工学科（Technical Course）に所属し、土木工学（Civil Engineering）を専攻している。当時のLCキャンパスの主要な建物を確認することができる。

※ただし、同新聞では、H.J.Yegawaと、誤って記載した。

英武は1879年、LC初の日本人卒業生となった。この79年卒業組45名のリストも大学新聞に掲載されている。コレクションには、こうした同級生や先輩・後輩、教職員と交換した名刺写真が含まれ、撮影者は同じイーストンに支店のあるW・ノットマン（W.Notman）がもっとも多く、ほかにスラバー（Sluber）、クネヒト（Knecht）、スタウト（Stout）などの写真家の名前がみえる。

〔英武の大学生活〕

学生生活をうかがわせる写真は少ないが、測量器具を前にした記念写真は、土木工学専攻の卒業記念のようだ（３-59）。また、バルディホール玄関前の集合写真は工学科の記念写真なのだろうか（３-57,58）。日本人留学生は相当に珍しかったものと思われ、英武はLC大学新聞に何度か登場する。1878年３月号には、ワシントンホールで行われた弁論会予選で「日本の文明」と題して演説したとある。また、1879年７月号では、７月１日、卒業論文の研究会、「イーストン・デラウェア川にかかる錬鉄製のルハイ渓谷鉄道橋に関する考察」を発表した。７月２日、卒業式はサウスカレッジ前に演壇が作って実施され、壇上に学長をはじめ、要人が並ぶなか、十数人の卒業生代表が演説を行なった。「ラファイエットを卒業した最初の日本人」である英武は、ここで「日本の条約関係」について論じ、その日の夕食会の場でロバート・パターソン陸軍少将（1792-1881）がスピーチを行い、「朝の弁士たち、とくに、多くの聴衆から好意的に迎えられた演説を行なった日本の江川氏に賛辞を述べた」という（Lafayette Journal）。英武は同年、土木工学科の数学賞を受賞しており、優秀な成績で土木工学士の資格を得た。卒業式にはPMA時代の恩師ライト、ドナルド、ウェルズが招かれている（前掲Democrat紙）。

英武はΦΔθ（ファイ・デルタ・シータ）のフラタニティー（全国組織の学生社交クラブ）に所属し、その支部の寄宿舎で生活した。同クラブ仲間の挨拶文にΦΔθはたびたび登場する。身長５フィート７インチ（約174cm）、体重115ポンド（約52.２kg）、共和主義者Republican、悩みの種は「内気なことModesty」、ニックネームは「Our Jap」だったそうである。ラファイエット大学は、学長カッテル自身が長老派教会の司祭であり、同派に属するのが当然視されていたようだ。英武は大学入学を前にイーストン市の第一長老派教会で洗礼を受けたと現地で報道されており、同派のキリスト教徒として大学生活に溶け込もうとしていたのである。

〔二人の叔母と妹・英子〕

コレクションには、当時伊豆韮山にいた二人の叔母、三畿と多以の所持品も含まれている。この叔母たちの手許に残された写真の中に、英武の妹・英子《ひでこ》に関するものも含まれる。

1871（明治４）年10月、江川英子（1855-1911）は、父英龍とつながりがあった木戸孝允の仲介により、その養女となって、もと長州藩士・河瀬真孝（1840-1919）に嫁いだ。河瀬は石川小五郎と称し、明倫館《めいりんかん》に学んで長州藩遊撃隊を率いた人物である。彼は木戸孝允と親しく、1867（慶応３）年に英国へ渡り、この年に帰国を果たしていた。木戸孝允日記によると、10月３日、「河瀬へ嫁する内約あり、先《ま》ず余（木戸）の養女とせんことを望む故《ゆえ》に、その望みに任せり」とあり、英子（清女）は４日に木戸家へ入り、10日、婚礼が行われた。「今日、養女お静（英子のこと）河瀬安四郎（真孝）へ娶《めあ》わし、今晩家を挙げてかの宅に至る婚礼を行う」と日記にある。岩倉使節団出発の前月であり、もちろん兄・英武も陪席している。

コレクションに、英子と男児が並んで撮影されたアンブロタイプ写真がある（2-6）。この同じスタジオで、同じ服装の英子を撮った同タイプの写真が、国立歴史民俗博物館の木戸家写真資料に含まれている（2-8）。こちらには英子と並んで木戸孝允の妻・松子が撮られており、撮影者は東京九段の塚本鳳舎である。英子「拾八才」、松子「三拾才」と箱の裏書にあることから、1872（明治５）年の撮影と考えられている。つまり、江川コレクションの写真も同日に塚本が撮影したものであることがわかる。一緒に写っている男児は、当時木戸の庇護の下にあった高杉《たかすぎ》東一《とういち》（高杉晋作の遺児）と考えられ、これも非常に興味深い。

河瀬真孝は1873（明治６）年、駐イタリア特命全権公使としてローマへ赴任し、英子もこれに同行した。コレクションにイタリア関係の写真や、ローマで撮影した真孝・英子、あるいはその子供の肖像写真が含まれるのは、伊豆韮山の叔母宛に送られたものである。「両叔母様」宛の裏書があるものが多い（ただし、三畿は1877年２月27日に亡くなっている）。

河瀬夫妻は1877（明治10）年７月に帰国し、河瀬真孝はその後も司法大輔、駐英特命全権公使などをつとめ、1894（明治27）年から終生枢密《すうみつ》顧問官をつとめている。

英武留守中の韮山では、1875（明治８）年に開校した竜城学校（小学校）など江川邸を中心に撮影した風景写真や、1877（明治10）年12月18日に開業した韮山製糸場を撮影した写真がある。伊豆学校の写真は英武帰国後のものだと考えられるが、いずれも江川邸の周辺に建設された諸施設を知ることができる貴重な写真である。

明治中期：英武の帰国時代

1879（明治12）年秋、江川英武は帰国の途に就いた。帰国した英武を待ち受けていたものは縁談である。相手はもと高家《こうけ》旗本・日野資訓《すけくに》の娘鶴子であった。英武は自筆履歴に「新旧思想の衝突あり」と記しており、米国での留学生活と帰国した日本の現実とのギャップに悩まされたようだ。帰国後の英武が女性２名と写ったガラス湿板《しっぱん》写真が残されている（２-７）。これは妹英子と、当時唯一健在な姉卓《たか》であると考えられる。

1881（明治14）年７月19日、英武は官途に就き、内務省御用掛となる。２年後の８月に大蔵権少書記官に転じ、大蔵省議案局勤務、さらに翌1884年９月同造幣局兼務となって東京出張所在勤となったが、すぐに大阪造幣局出張を命じられ、1885年５月出張所長に任じられた。この間の1884年５月、「止むを得ざる情実に依り離別す」と鶴子を離縁し、その年12月11日には元老院議官伊丹重賢《いたみしげかた》の四女勢以と再婚している。英武個人にとっては激動の日々ということになる。

伊丹重賢（1830-1900）は梅田雲浜《うめだうんぴん》の門下で、青蓮院宮《しょうれんいんのみや》尊融法親王（朝彦《あさひこ》親王）に仕えて国事に奔走した。維新後は内国事務局権判事、大阪府判事、司法少輔、左院判事などを歴任する。勢以が英武の後妻に入ったことにより、伊丹家に関係する写真もコレクションには多く含まれている。とくに重賢の妻久子の米寿祝いの記念写真には、写された人々の名前書が添付されており、肖像特定の手掛かりとなる（５-91）。伊丹久子は1919年１月31日、89歳で亡くなるので、この写真はその前年1918年ということになる。

結局、英武の役所勤めは不遇だったようだ。1886（明治19）年１月16日、江川英武は非職となり、２月には非職俸給も辞し、免官を願い出て伊豆韮山へ帰った。以後２度と官職には戻らず、みずから私立伊豆学校長となり、父英龍の顕彰に力を注ぐことになる。

1888（明治21）年７月24日、叔母多以が死去し、８月、英武は「日蓮上人に信仰心を捧げ」たと、履歴に記した。英武はあらためて熱心な日蓮教徒に戻ったのである。1891（明治24）年３月21日には東京牛込弁天町に居を構え、以後、東京と韮山を行き来しながらの生活がはじまる。

この間、米国との連絡も途絶えがちになった。これを心配したＬＣ大学新聞1880年５月号は、「アメリカから最近帰国した日本人学生が打ち首にされた」という報道を取り上げ、「反政府派の貴族」で、帰国命令が出たのに帰らずに米国へ留まった江川英武が打ち首になったかもしれないと報じている。この誤解は半年後にようやく訂正されたが（1881年１月号）、その後英武はいっさい米国との連絡を絶ってしまった。大学新聞には、1930年代に至るまで「同窓会の不明者リスト」に名前が載り続けている。

英武は米国生活の後半から髭《ひげ》をたくわえるようになり、名刺写真では立派な髭がある。官職を退いてからは父英龍の顕彰に力を注ぎ、幕末期の大砲のモデルなどに囲まれた写真なども残されている（５-53）。

江川家の生活をうかがわせるものとしては、よく出かけた牛臥《うしぶせ》海岸や三嶋館、その主人世古直道の写真など、あるいは修善寺温泉の写真群などが散見される。1899（明治32）年４月29日に撮影された江川邸表門の写真には裏書があり、幸田露伴《こうだろはん》の実弟成友《しげとも》（1873-1954）の撮影であることが知れる（５-８）。幸田成友はのちに大阪市編纂長、東京商大教授をつとめた歴史研究者である。

英武が努力を傾注した父英龍の顕彰も次第に認められ、1903（明治36）年12月13日、英龍への贈位が行われた。1909（明治42）年には、英龍（坦庵）没後55年の追慕会や遺物展覧会が開催された。２月７日には三島大社境内で遺墨展覧会も開かれ、その会場入り口の写真が残されている（５-90）。

明治後期〜昭和期：英武の晩年と英文の時代

英武の娘繁子（1885生）は、1904（明治37）年、帝大法学部教授山田三良（1869-1965）に嫁いだ。山田はのちに京城帝大総長、日本学士院長などをつとめる国際私法の権威である。山田は江川家への理解も深く、その努力もあって陸軍の出資による反射炉の修復・保存もすすんだ。1909（明治42）年１月16日には反射炉修復の落慶式が行われ、寺内正毅《てらうちまさたけ》陸相などが参列している（６-12〜22）。現在の東京大学史料編纂所長にあたる史料編纂掛主任をつとめた帝大教授三上参次もこの式典に招かれた。この年２月にはのちの昭和天皇や秩父宮《ちちぶのみや》が葉山御用邸から馬上の遠乗りで江川邸や反射炉を訪問している。４月13日には皇后行啓もあり、その時の江川邸正門前の写真などが撮影されている（５-16）。

反射炉は明治初年以来、多くの記録写真が残されている。明治40年代の修理ののち、1926（大正15）年には記念碑が完成し、10月10日、保存会会長山田三良が祝辞を述べる様子が撮影されている（６-26）。

この時期になると、英龍の事績を紹介するためにさかんに古文書や書画、遺品の複写が行われている。その多くは三嶋の行方《なめかた》写真館が手掛けており、領収書類も残されている。総計330点を超える複写写真は本コレクションの特徴のひとつである。反射炉や江川邸周辺の写真も多く、中でも日本橋三越の写真室が撮影・現像を手掛けたパノラマ写真は明治末年の様子をつたえる貴重な記録である。

1911（明治44）年７月８日、河瀬英子が亡くなったが、この子爵家の葬列の様子なども写真に撮られている（５-92～98）。

さて、繁子の弟妹、亀子《かめこ》（1891生）、久子《ひさこ》（1896生）、英文（1898-1973）、泰子《やすこ》（1910生）のうち、1910年代後半から３人の妹たちは次々と結婚する。江川亀子は弁護士山田隆昭に嫁ぎ、久子は建築学者・辰野金吾《たつのきんご》の息子で仏文学者・辰野隆《ゆたか》に、泰子も実業家・山岡慎一に嫁いだ。また、江川英文は山田三良の指導を得て、帝大法学部教授として国際私法を講ずるに至り、順天堂病院佐藤達次郎の四女美子と結婚した。コレクションのもっとも新しい時代には、英武の子供たちの家族写真などが目立つようになる。

江川英文はカメラを好み、学生時代に撮影したガラス乾板《かんぱん》ネガも多く残されている。韮山を訪問した辰野隆・久子夫妻やその家族、一高時代に各地へ旅行した写真や、友人の写真、あるいは韮山の邸内で働く人々を撮影した肖像写真は、おそらく英文が撮影したものではないかと考えられる。

1918（大正７）年に脳溢血を患った英武は、その後葉山の別荘に移り、1933（昭和８）年10月２日に亡くなった。享年81であった。

３　反射炉と江川邸

ペリー来航（1853年）後、幕府は江川家第36代江川英龍を海防掛・勘定吟味役格に任じ、二度目の鉄砲方（1854～55）に起用して内海台場（品川台場）の建設や大砲鋳造御用を命じた。英龍は江戸・湯島製作所で青銅砲を鋳造するいっぽう、1853（嘉永６）年７月、鉄製砲鋳造のために反射炉建設の建議を行い、12月、幕府は銑筒（鉄製砲）鋳造御用を命じる。

英龍による反射炉研究はそれ以前に開始されたが、幕府による建造許可はペリー来航を待たなければならなかったのである。その完成は、英龍の死後、息子英敏の代になった。韮山反射炉は、総工費5311両、諸経費2000両、さらにその後の補修・再築経費4529両余をかけ、連双２基（４炉）、炉体部は石積み、煙突部（高さ15.６ｍ）は煉瓦積みで、白漆喰《しっくい》の外観を呈した。

1854（安政元）年６月に反射炉は着工したが（10月頃ほぼ南炉完成か）、11月４日、安政の東海大地震（Ｍ８.４）にあい、さらに翌年７月の大風雨で破損した。この間英龍が急死したため、江川家では佐賀藩へ協力を要請、1857（安政４）年２月に佐賀藩杉谷雍助《すぎたにようすけ》らが来着して反射炉を完成させることになる。この年９月、はじめて18ポンド鉄製砲を鋳造した。その後、1859（安政６）年10月～翌年１月にかけて、反射炉の修復を行なったうえ、1860（万延元）年４月、再度鉄製18ポンド砲の試験鋳造を行なっている。

1861（文久元）年９月、鉄砲方江川英敏は、米国献上の青銅製ライフルカノンとボートホーウィッスルの模造生産願を提出し、計100門の製造を命じられた。大型の要塞砲ではなく、より軽便なボート砲（実質的には野戦砲）の鋳造を命じられたのである。とくに砲腔内にライフルを刻んだライフルカノンはそれまでの滑腔砲と比較するとはるかに威力のある最新の火砲であった。韮山反射炉では、文久３（1863）年７月から翌年２月にかけて、青銅製野戦砲の鋳造に取り組むが、当初は失敗が続き、試行錯誤の結果ようやく鋳造に成功したといわれる。しかし幕府は、英敏から幼い弟英武に代替わりしたことを契機に、1864（元治元）年７月、江川英武の大小砲製造御用を罷め、韮山に代わり江戸北郊滝野川での反射炉築造へ向かった。1866（慶応２）年、英武は鉄砲方も罷免され、その後は江川家私営として諸家依頼の大砲鋳造を行うにとどまった。

維新後、反射炉は荒廃し、1873（明治６）年、反射炉・付属品の造兵司引渡しの命が下った。1879（明治12）年、韮山反射炉保存に関する静岡県令大迫貞清《おおさこさだきよ》（薩摩藩出身）の上申によって、反射炉周辺は第３種官有地（古蹟風光保存地）となる。その後、1908（明治41）年、山田三良らの努力により、周辺敷地が献納され、陸軍省経費による保存修理が行われた。翌1909年１月16日、大規模な修繕落成式が行われている。

韮山反射炉は、1922（大正11）年３月８日に史跡指定され、その後戦後の文化財保護法に国指定史跡「韮山反射炉」として引き継がれている。この間、1930（昭和５）年の北伊豆震災（Ｍ７.３）で北炉煙突の最上部が崩落し（のちに復元修復）、1957（昭和32）年には鉄骨トラスによる保存修理工事が行われて、ほぼ現状のような外観となった。その後、1985（昭和60）年から1989（平成元）年の保存修理工事を経て、現在新たな保存修理計画が進行中である。2015年には、「明治日本の産業革命遺産」の一つとしてユネスコ世界遺産に指定された。

また、江川邸（旧伊豆韮山代官屋敷）は、1958年５月に主屋が「江川家住宅」として重要文化財（建造物）に指定され、1960年から解体修理が行われている。1817（文化14）年に行われた大修理以前の古い形に復元されたのである。ただしその際、茅《かや》葺《ぶ》きだった主屋の屋根は現状の銅板葺きに替えられている。解体修理前に当時の江川邸を撮影した記録写真が多く残されていたため、茅葺きの主屋など、当時の写真を本書に収録するものとした。その後1993年12月には邸内の他の建物も追加指定されたほか、2004年９月、屋敷全体が「韮山役所跡」として国指定史跡になっている。

さらに、江川文庫の史料群は「韮山代官江川家関係資料」（３万8581点）として、古写真コレクションと同時に重要文化財（歴史資料）に指定されている。反射炉と江川邸、江川文庫の史料群は、古写真コレクションと一体となって保存されるべき貴重な文化財群を構成しているのである。

４　コレクションの特徴と意義

幕末の江川家は、幕府の世襲代官であるだけでなく、西洋科学技術の先駆者としての役割を負わされた。英龍・英敏・英武らが築いた人脈は、日本の近代化をささえた中核的人物にひろがっていた。その意味では、同家の古写真（写真史料）コレクションはあるべきところにあったものと言わざるをえない。

撮影されたさまざまな人物肖像、近代初期の諸機関や諸装置、とくに製糸場や学校など地域の風景、反射炉の記録写真などは時代を知るうえでの貴重な画像史料である。かかる史料群が出所のしっかりしたところから出てきた意義は大きい。また、江川家コレクションの場合は膨大な古文書（テキスト史料）によって、撮影された事情や状況を知ることができるところに最大のメリットがある。テキストとモノ（写真）を突き合わせることによって、今後さらに研究が進んでいくことが期待される。

コレクションには、国内の有名写真家が撮影したものも多く含まれている。下岡蓮杖（1823-1914）、内田九一（1844-1875）をはじめ、江《え》崎《ざき》礼《れい》二《じ》（1845-1909）、鈴《すず》木《き》真《しん》一《いち》（1835-1918）、丸《まる》木《き》利《り》陽《よう》（1854-1923）、小《お》川《がわ》一《かず》真《まさ》（1860-1929）、あるいは江木松四郎（1856-1900）兄弟による江木写真館など、名だたる写真家・写真館の作品が揃っている。アンブロタイプ、フェロタイプなど、珍しい技法の写真史料は、技法を研究するためにも大事な研究素材になるだろう。

以上、江川家古写真コレクションの概要を紹介し、その特徴と意義を指摘した。本コレクションが貴重な写真史料として適切な保存措置がなされるとともに、しかるべきかたちで公開・利用がはかられ、本書が今後の学術研究や文化活動にひろく活用されるよう祈念したい。

解説 2

日本写真史における中浜(ジョン)万次郎の位置とその周辺
——江川家伝来写真を中心にして

谷　昭　佳

は じ め に

伊豆韮山《にらやま》の代官であった江川家には、幕末期以来の貴重な写真史料が多数伝来している。なかでも最初期のものは、中浜万次郎《なかはままんじろう》(ジョン万次郎)が、万延元年(1860)から文久元年(1861)ごろに撮影した、37代目当主「江川英敏」と、その家臣団「肥田春安」「雨宮貞道(中平)」らの肖像写真である。特筆すべきは、包紙に「万延元年七月十六日」とある、英敏の後見役(仲人)と目される幕臣の「小沢太左衛門」を写したと考えられる肖像写真である。これらのガラス板の写真は、日本における実用的な意味での最初の写真術となる、コロジオン湿板写真法(Wet Collodion Prosess, 以下、湿板写真)により制作された、日本人の手による最古の写真群である。幕末の動乱期に、日本人がどのようにして写真という技術と文化を受容したかを解き明かす、重要な鍵となる興味深い写真史料である。

1　万次郎の足跡と写真術の関わり

漂流から帰国まで

中浜万次郎(以下、万次郎)は、天保12年(1841)15歳のとき、土佐の宇佐浦から海に漁に出て漂流、無人島(鳥島)で過ごしたのちに捕鯨船ジョン・ハウランド号(John Howland)に救助された。翌年、ウィリアム・ホイットフィールド(Wiliam H Whitfield)船長によりアメリカ東海岸のニューヘッドフォードにつれられ、隣接するフェアヘーブンで新たな生活をはじめた。最終的にパートレット・アカデミーで航海術・測量術などの諸科学の高等教育を受けたのち、再び捕鯨船に乗り大海をめぐった。19世紀の測量船には写真技術を修得している軍人や技術者が乗船し、写真をもとにして港湾の地形図などを描いていることから、万次郎が航海術・測量術を学ぶ過程で諸科学の基礎知識を得ていたことが、その後の写真術の習得を容易にさせたと推察できる。

嘉永３年（1850）になると、万次郎はサンフランシスコからサクラメント郊外の金山に入り、帰国のための資金を稼いだ。この頃、コールドラッシュに湧くサンフランシスコでは、既に数人の写真家が活動していた。

翌嘉永４年（1851)、ハワイを経由して琉球摩文仁《まぶに》間切《まぎり》小渡浜《おどはま》に上陸した万次郎は、ほどなく鹿児島に送られ、薩摩藩からの事情聴取を約40日間に渡り受けた。その間には、西洋技術を積極的に取り入れようと試みていた藩からの求めに応じ、洋船の模型作製なども行なった。藩主の島津《しまづ》斉彬《なりあきら》は万次郎帰国の前年までに、すでにダゲレオタイプ（Daguerreotype, 銀板写真）の翻訳写真技術書である杉田玄端《げんたん》の未定稿「写像新法ダゲレオチーペ」（国宝島津家文書、東京大学史料編纂所所蔵）などを手元におき、実際に撮影実験を試みていた。嘉永２年（1849）の斉彬から水戸の徳川斉昭に宛てた書状には「印影鏡之儀、少々道具いたみ」とある。よって、写真術について万次郎から何らかの実践的な情報を得ようとしたとしても不思議ではない。

日本人によるダゲレオタイプのはじめての撮影成功事例として伝わるものは、杉田玄端の義兄である杉田成卿《せいけい》と、その弟子で黒田藩から藤堂藩に移った榊令輔《さかきれいすけ》による、安政２年（1855）12月から翌年３年（1856）正月にかけて行われた撮影実験によって上野の山門等を写した写真（現物は所在不明）である可能性が高い。このときの実験には洋学者の箕作秋坪《みつくりしゅうへい》や宇田川興斎《うだがわこうさい》も加わっていたことが、美濃大垣の医師飯沼慾斎《いいぬまよくさい》の三男で、津山藩医宇田川榕菴《ようあん》の養子となった興斎が津山藩に提出した「勤書」にみえている。安政３年正月13日の「勤書」には「一、秋坪ト共二高田様へ罷出、榊令輔之タゲウル之試相成。」と記されている。榊令輔の略伝（榊保三郎『故榊令輔後綽乃室幸子略傳』私家版、1916）には、安政２年に箕作阮甫《げんぽ》や宇田川興斎とともに下田に行きロシア人モジャイスキーの写真撮影を実見し、幕府の上官に乞うて公然と写真術を伝授され、安政２年12月に江戸に戻ってからは杉田成卿とともに写真機を製造し研究してついにダゲレオタイプによる上野の山門等の撮影に成功したこと、その後に津山藩や松山藩等からの嘱託を受けて器機を製作して写真制作したとある。この略伝が書かれた大正５年（1916）当時には、榊家に写真も存在していたとされている。この安政２年暮れから３年正月頃の榊令輔らの実験を大鳥圭介（写真頁の27・124頁参照。以下、頁数のみ記載）も見聞きしていたのかも知れない。同じ頃に

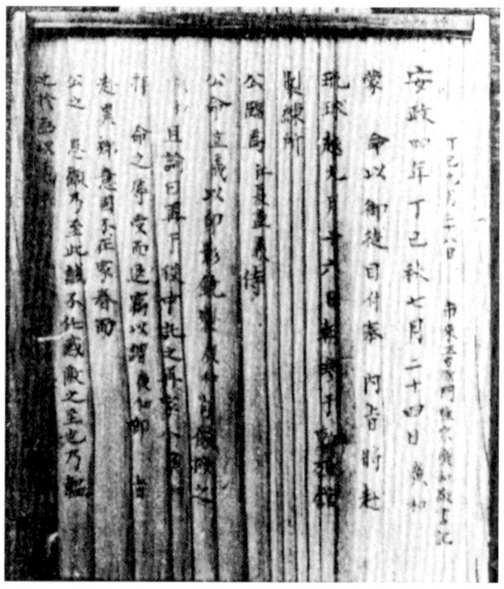

左：島津斉彬撮影、市木四郎肖像写真（複製）
右：重野安繹による箱書

写真術を習得したとする大鳥の逸話が、榊らの写真撮影と似た内容で伝えられている。また大鳥は斉彬の娘天彰院《てんしょういん》の嫁入りの際の写真撮影にも助力したなど、ややみずからの手柄として誇張して後年に述べられている。

宇田川興斎の翌安政４年（1857）３月21日の「勤書」には、「一、薩州候、渋谷御屋敷へ被為召、五時過出宅、罷出、タゲウルテイピーテレカラーフガルハニーセメーン等之仕掛拝見。（後略）」とあることから、実際に万次郎が帰国した３年後の安政４年（1854）の時点では、島津斉彬らは江戸で安定的にダゲレオタイプを撮影制作することが可能になっていたと推察できる。薩摩藩の鹿児島での科学実験担当者のひとりであった市来四郎《いちきしろう》の安政４年９月13日の日記（鹿児島県歴史資料センター黎明館所蔵）には、同年春に江戸から鹿児島に帰国した斉彬が、琉球からの使者に対して、科学力を示すため反射炉や電気仕掛けの地雷の発火実験とともに、写真撮影を実演して見せて使者を驚嘆させた状況が記されている。

これまで日本人により制作された現存する最古の写真として紹介されてきたダゲレオタイプの「島津斉彬像」は、明治期になり市来が編纂に大きな役割を果たした斉彬に関する記録集などの記述から、安政４年９月17日撮影とされ、この日が日本での写真術成功の日として捉えられていた。しかし、前述の市来自身の日記には17日の撮影記録はなく、天気は曇りで「登城八ツ時分退出候」としか記されていない。すでに13日には、琉球の使節に見せるほどに写真術は充分に上達していることから、それ以前の早い時点、つまり斉彬は江戸で写真術を取得していたことは確実であろう。また市来日記の９月16日の条には、翌月から琉球に特命を受けて派遣される市来の残される家族のために、藩主である斉彬自身の手により市来の肖像写真が撮影され、その日のうちに市来の家族に預けられていることが「御庭二而写真　鏡御取出し我等之像を御自身様御写被下候、克く写り候、難有次第二而候（中略）此図は渡海中母又は妻子へ御預ヶ置候」とある。これに感激した市来は「若不仕応は帰国は致すなと決心」と任務への不退転の決意を日記に表している。さらに、市来が写された３日後の19日の条には、斉彬から写真を母に見せたかという問いがあったこともみえている。この時の市来の肖像写真は、のちに複製が作製され、市来の日

左：船頭妻の肖像（高知県立坂本龍馬記念館提供）
右：妻鉄の肖像（中浜京氏所蔵）

記と同様の撮影事情を安政４年９月28日に重野《しげの》安繹《やすつぐ》が記した写真箱書とともに、『江戸時代の科学』（東京科学博物館、1934）に見ることができる。

　こうした斉彬の一連の言動からは、写真に対する理解が単に技術的な側面だけでなく、人が存在していた証《あかし》を肖像写真にして残すという文化的な側面と、その効用についても深く理解して写真術を扱っていたことが読みとれる。洋学者らによる技術書の翻訳と実験的撮影からだけでは知ることができない、こうした西洋における写真文化の事情について、島津斉彬はいち早く万次郎から聞き出していたのではないだろうか。

　嘉永５年（1852）、万次郎は鹿児島についで長崎での取り調べを受けた後に高知城下に帰国。この時に土佐藩の重鎮である吉田東洋から命を受けた河田《かわだ》小龍《しょうりょう》は、万次郎から聞き取り調査した外国事情を彩色挿絵入りで「漂巽《ひょうそん》紀畧《きりゃく》」にまとめた。そこには、捕鯨船の船頭などの持物としてケース入りの妻の肖像写真と思われる絵が描かれており、長期間の危険を伴う航海に船乗りらが妻の肖像を身のまわりに置いていることが記述されている。このことは、身近な人や大切な人の肖像を写真で残すという概念が、アメリカでの万次郎の生活に強く印象として残っており、のちの再渡米時にカメラを購入して持ち帰り、帰国後に妻鉄の肖像を撮影したことなどに通じているといえよう。河田が描いた閉じた洋扇子を持つ立ち姿の「船頭の妻肖像」の絵と、万次郎がのちに撮影した閉じた和扇子を持ち正座する「妻鉄の肖像」の写真ポーズがどことなく似ていることは、偶然の一致であるとは言い切れないであろう。また河田は、安政元年（1854）に図取役として反射炉視察のため薩摩藩を訪れるが、このときに写真術についても説明を受けたとされ、薬品の処方などを「半舫斎雑記」に書き残したとされる。つまり、万次郎のアメリカからの帰国と日本における写真術の展開は同時代の出来事であったのである。

江戸出府から咸臨丸による再渡米と帰国まで

　翌嘉永６年（1853）のペリー来航を受けて、来春のペリー再来に備えて英語に堪能である万次郎を江戸に招致することが、開明派の大名である福岡藩の黒田斉溥《なりひろ》や儒学者の大槻磐渓《おおつきばんけい》により提案され、万次郎は江戸に召し出された。江戸での万次郎は、幕府幹部の側近である伊豆韮山代官の江川担庵《たんなん》（太郎左衛門）に見込まれ、嘉永６年11月には正式に江川の手附となった。

翌嘉永７年（1854）１月、ペリーが再来し、万次郎が通訳を果たす予定であったが、アメリカに長く暮らした万次郎を交渉の場に出すことを懸念する徳川斉昭《なりあき》らの動きから、万次郎が直接交渉には加わることはなかった。しかし、江川担庵は条約交渉のため横浜に向かうにあたり、高く評価していた万次郎を随行させていたことが「仙台藩士橋本九八郎日記」などの当時の記録からうかがえる。同年２月には、江川担庵の仲介により、万次郎は団野鉄と結婚。

この頃の万次郎のもとには、英語を学ぶ者が集まっていた。そのなかには、のちに伊予宇和島藩で写真撮影を行うこととなる大野昌三郎もいた。大野は安政２年５月９日以降、藩から英語や軍事学を学ぶことを目的に「金一両並盆暮両度百疋充音物」を支給され、正式に万次郎に入門している。

安政４年になると、万次郎は江戸築地の軍艦教授所教授となった。同年の春には、江戸の江川邸の移動にともない深川から芝新銭座《しばしんせんざ》に転居し、引き続き江川邸内の長屋に暮らした。

安政７年（1860）１月、先に座礁したアメリカ測量艦フェニモア・クパー号の艦長ブルック（John M Brooke）と一部の乗組員らが咸臨丸《かんりんまる》に乗船しアメリカに帰国することになった。そこで操船の知識があり通訳もできる万次郎は、急遽咸臨丸乗組員としてアメリカに向かった。アメリカ人乗組員のうち、艦長ブルックの右腕として活動していた測量海図の専門家で士官待遇のカーン（Edward M Kern）は、写真家としての実績がある人物であった。

サンフランシスコ到着後の万次郎について、万次郎の長男である中浜東一郎（123頁参照）の編著書『中濱萬次郎傳』（冨山房、1936）によると、咸臨丸が修理のためメーア・アイランド海軍工廠《こうしょう》（Mare Island Navy Yard）のドックに入っている間に、アメリカの写真師について撮影練習と薬品の調合と使用について学び、写真機と大量の薬品を購入したとされている。また、復路に寄港したハワイでは、1860年６月１日付けのハワイ教会誌フレンドが、万次郎のサンフランシスコでの購入品には母の姿を写すためのダゲレオタイプ装置（daguerreotype apparatus）があり、母を写し終えたらもはや無用であるとする話を子の母への愛情の美談として伝えている。フレンド誌がダゲレロタイプ装置として紹介しているものは、当時の一般的なカメラ機材全般の総称としての記述であった考えられよう。

万延元年（1860）５月、万次郎は写真機材を携えてアメリカから帰国した。咸臨丸に運用方として加わった江川家手代の鈴藤勇次郎の「航亜日記」（東京大学史料編纂所蔵）写本巻末には、大石千《ち》秋《あき》（梅嶺）による付記「北米紀聞」が綴じられている。「北米紀聞」では、江川英敏配下の中浜万次郎・肥田浜五郎・松岡盤吉、鈴藤勇次郎らのアメリカ土産に関して、万次郎については「万次郎ハ衣類ニ縫物スル道具シヨエーミシン、鳴物アツコラデアン、写真鏡ノ道具三品ヲ持帰リ各其術ヲ伝授セリ」とあり、実際にそれらの土産品を使用して見せたことを“各其術ヲ伝授セリ”が示唆している。

また前述の『中濱萬次郎傳』では、東一郎氏が最後の代官江川英武から直接聞いた話として「毎年の芝の江川邸内での軍事演習に集合した士官兵卒を萬次郎が撮影した」「万延元年頃に江戸に上がり萬次郎に撮影された記憶がある」など、江戸の江川邸内での万次郎の写真活動を英武自身が被写体となった撮影体験談をまじえて伝えている。

2　江戸の江川邸内での万次郎の写真活動

「御出府日記」にみる撮影記録

当主が春から秋にかけて江戸の芝新銭座にある江川邸に滞在する間の江戸詰手代による業務日誌的な「御出府日記」には、咸臨丸でアメリカから帰国した２ヵ月後の万延元年７月17日、18日、29日に、万次郎が同邸内で来客者を相手に写真撮影を行なっていたことがみえている。

〔万延元年七月十七日〕

一、講武所御同役下曽祢金三郎外六人写真鏡為御頼、今日中浜万次郎方へ御出ニ付、御湯漬御膳部七人前山田熊蔵方へ為持遣候事

〔万延元年七月十八日〕

一、内藤御隠居清閑様御儀調練場御出席、夫より中浜万次郎方ニ而写真像済、稲荷社へ御参詣之上御住居江被為入、御二階へいらせられ、御宮殿御拝上被成、御二階ニ而御酒御肴御飯等被進候上、七時過御退散之事

（後略）

〔万延元年七月二十九日〕

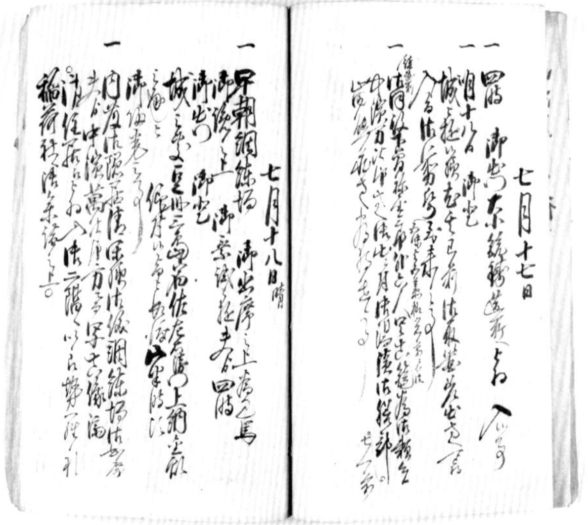

「御出府日記」万延元年7月17･18日（江川文庫所蔵）

一、講武所頭取松平仲様・同教示方松平大内蔵様・川勝光之助様・小野金蔵様・桂川主税様以下、飯田律郎とも、中浜万次郎方江被参、写真鏡御頼之由、右は頭取も参ル故、御逢不被為在御打過も如何と之御事ニ而、御入来有之候得ハ御湯漬被進候様ニと之是亦御事ニ付、夫々支度相整へ候処、仲様ニハ写真済御退散済之由ニ付、其段申上、森田貞吉方へ御膳部七人前為持遣候事

17日には、講武所内のライバルともいえる下曽根金三郎ほか６名が写真撮影のために、江川邸の万次郎を訪ねてきたため、江川家では接遇している。晴天の翌18日には、前高遠《たかとお》藩主で幕府の若年寄もつとめ、前年に隠居して清閑《せいかん》を名乗っていた内藤駿河守（頼寧《よりやす》）が万次郎により写真撮影されており、撮影後には同じく江川家からの接遇を受けている。内藤清閑は、安政４年にはみずから江川太郎左衛門に入門し、大砲や小銃の調練を受けたとされている。また文武諸芸を奨励し、みずからも多芸多才であった清閑は、政務以外でも諸大名や文人墨客との付き合いが盛んであったようで、薩摩の島津斉彬、福岡の黒田斉溥、津山の松平確堂《かくどう》、福井の松平春嶽《しゅんがく》、伊勢津の藤堂高猷《とうどうたかゆき》など、本邦における写真術導入に大きく関わった諸大名とも交流していたようである。前述の宇田川興斎の「勤書」には、黒田様や内藤駿河守といった名が、興斎が薩州候のダゲレオタイプを拝見したとある安政４年３月頃に頻繁に記されている。とくに藤堂との付き合いは深かったようで、文久２年10月に亡くなった清閑の葬儀を藤堂藩が警備したとの逸話も残っている。

「御出府日記」とは別に、万次郎がアメリカから持ち帰った写真術により江川家で制作した写真であることを標記する、完成した写真を入れる箱書用と思われる次の２つの案文が残されている。

今茲万延紀元江川氏属吏中浜信志航米利堅伝写真鏡之法孟秋旬八予游新泉局砲術調練場令信志写予之真以貽子孫爾

□齢　　　　□識

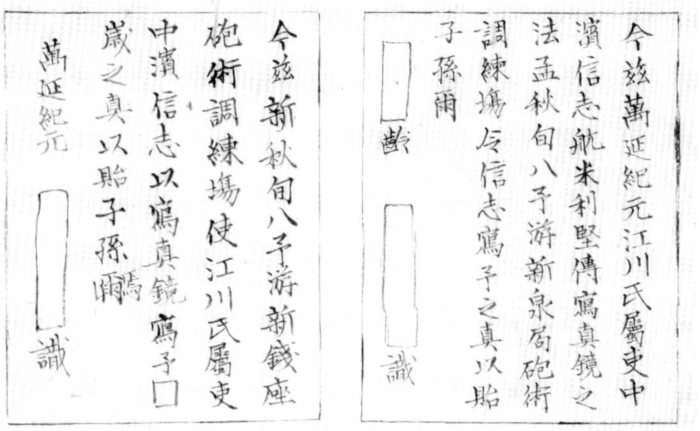
今茲萬延紀元江川氏屬吏中
濱信志航米利堅傳寫真鏡之
法孟秋旬八予游新泉局砲術
調練場令信志寫予之真以貽
子孫焉
□齢
□識

今茲新秋旬八予游新錢座
砲術調練場使江川氏屬吏
中濱信志以寫真鏡寫予□
歳之真以貽子孫焉
萬延紀元
□識

万次郎写真箱書案文（江川文庫所蔵）

今茲新秋旬八予游新銭座砲術調練場使江川氏属吏中浜信志以写真鏡写予□歳之真以貽子孫焉

万延紀元　□識

案文の日付は、「御出府日記」にある内藤清閑が撮影に訪れた万延元年７月18日（孟秋旬八・新秋旬八）にあたることから、万次郎による写真撮影を江川家では江戸の屋敷内で組織的に行なっていたといえよう。

29日には、いよいよ江川家の上司ともいえる講武所のトップである頭取の松平沖様以下数名が、万次郎に写真撮影を頼みに江川邸を訪れている。頭取を迎えるため江川家では接待の支度を整えるが、撮影が終わると頭取はすぐに帰ってしまったため、接待が空振りに終わった様子がみてとれる。これらのたび重なる来客記録から、万次郎が咸臨丸で帰国して間もない万延元年７月には、幕臣らの間で万次郎の写真撮影のうわさが日ごとに広がっていた様子をうかがえる。江川家として万次郎の写真術を公に押し出していたのかもしれない。

小沢肖像写真にみる写真技法

これまでの写真史研究が、写っている画像の〔内容〕を情報としてどのように読み解くかに重点がおかれたものであったのに対し、オリジナルの写真が内包している技術的な〔もの〕としての情報に着目して、万次郎がアメリカで習得し持ち帰った写真術について考察する。

包紙に「万延元年七月十六日、夕七ツ時写真シ奉ル事、小沢神様写真御尊像御一面、恵霜斎所持、江川太郎左衛門源英□（敏）敬奉所持、敬慎」（口絵）と記された、ガラス板の湿板写真（約縦84×横71×厚さ３.１ミリ）は、この写真を所持していた若き当主江川英敏の後見役（仲人）と目される幕臣の小普請小沢太左衛門を写した可能性が高い肖像写真（以下、小沢写真）である。

コントラストの高い鮮明な画像が残る小沢写真は、万次郎と江川家、また日本人による湿板写真術の受容を写真技術の視点から捉えるうえできわめて重要な一枚である。なぜならば小沢写真には、黒い樹脂（ニス）を画像層の反対側のガラス支持体面に直接塗布した下地と、画像層の上に保護用のカバーガラス（厚さ１.９ミリ）を被せた特徴的な仕様をみることができるからである。

小沢写真にみられる湿板写真の黒い下地の仕様について、前述の『中濱萬次郎傳』の中で、東一郎は万次郎の撮影とされる大鳥圭介の写真に関連して、次のように説明している。

> 硝子ニ蔭像ヲ寫シ取ルトキハ表面ノ像ハ常ニ左右ヲ顚傾シテ寫ルハ恰モ鏡ニ向ヒテ自分ノ姿ヲ見ルニ同ジ。當時ハ硝子板ノ裏面（肖像ヲ寫シテナキ一面）ニ黒色ノ樹脂ヲ塗リテ肖像ノ寫シテアル一面ヲ表ニシテ直ニ之ヲ見ルガ寫ニ左右顚倒シテ現ハルナリ、夫故當時萬次郎ニ撮影ヲ乞フ人々ハ豫メ衣服ヲ左前ニ着用シテ機械ニ向フ人々モ少ナカザリシトイウ。黒色ノ布片ヲ用イズ、特殊ニ樹脂ヲ塗布シタルハ、肖像ノ鮮明ヲ期シタルガ為ニテ、当時ハ一般ニ欧米諸国ニテ行ハレタル方法ナリキ

通常、湿板写真をポジティブ（陽画）画像として用いるためには、まずガラス板の片面にコロジオン溶液の感光材を塗布し、塗布した面を被写体側に向けて乾かないうちに撮影を行う。この時、あらかじめ露出を抑えて撮影し、次に硫化第一鉄溶液などを主薬とする現像液を用いて現像する。これにより光を透過させて見たときに、薄い灰色となる鏡像のネガティブ（陰画）の画像層をガラス板上に得る。その後に定着、水洗、乾燥、画像層の保護のためにラベンダーオイルなどを用いて薄く透明のニスを塗布する。最終的に黒い布や紙などのうえに、鏡像のネガティブ画像が形成されている画像層を下向き（裏返）にして重ねて置き、裏面（画像層のないガラス支持体面）からガラス越しに反射光で見ることにより、被写体の左右の向きが正像となるポジティブ画像を得る手法が一般的である。要するに薄いネガティブ状態の画像を左右反転させたうえで、黒色を背景にして白黒を反転させたポジティブ画像として見るものである（口絵）。したがって小沢写真のように黒い樹脂をガラス面に直接塗布することは、画像層側から見ることにより被写体が鏡に写ったと同じ状態の左右反転した鏡像となってしまう短所よりも、画像の反射濃度がより高くなりコントラストの強い鮮明なポジ画像が得られるうえ、カバーガラスにより保存性が向上する長所に主眼を置いていると理解できる。

江川家伝来の写真以外で、万次郎が撮影したと考えられる確かな湿板写真として、中浜家に伝わる万次郎の妻である鉄の肖像写真がある。文久２年（1862）７月に若くして亡くなった、鉄の生前の姿をとらえた湿板写真である。現状の鉄の湿板写真は、後年に複製を作製した時点で手が加えられているが、裏側のガラス支持体面（約縦82×横69ミリ）の四辺には薄い黒い樹脂が残

鉄の肖像写真のガラス原板（中浜京氏所蔵）

存していることが確認できる。よって、制作当時には画像層のないガラス面側の全面に黒い樹脂が塗られていたと推察できる。そのため画像層を上側にして見る仕様となり、被写体の姿は鏡に映った姿と同じように左右が逆像となるはずである。しかし、画像層側から被写体である鉄の着物の襟を見ると、他者から見て正しく右前となっているのである。つまり、撮影前にあらかじめ着物を左右反対に着ていることは明らかである。この特徴は、前述の東一郎による万次郎撮影の写真に対する説明「豫メ衣服ヲ左前ニ着用シテ機械ニ向フ」と一致するものである。

幕末から明治初期の日本で制作されたガラス板の湿板写真のうち、ガラス板を１枚のポジティブ画像として用いているものは、写真を収めているケースの下敷きに黒い布や黒紙、黒板などを用いるか、あるいは画像層の上に茶褐色の色材（アスファルト溶剤など）を直接塗布した仕様となっている。つまり、ガラス面を上側にすることで、被写体の正像を見せる体裁となっている。とりわけ現存する万延元年から文久元年頃、横浜や江戸で活動した外国人や日本人の写真家により制作された湿板写真のガラス原板には、小沢写真や鉄肖像写真のような、ガラス面に黒い樹脂を塗布した下地により画像層を上側にして見せる仕様は皆無である。

安政７年頃に横浜で雑貨店を営むかたわら写真撮影も行なった、アメリカ人のフリーマン（Orrin E Freeman）が撮影した、安政７年（1860）６月15日撮影の大築尚志（沼津市明治史料館所蔵）などの肖像写真。またフリーマンなどから写真術を学び文久元年頃に江戸で開業した鵜飼《うがい》玉川《ぎょくせん》が撮影した、文久元年８月19日撮影の横井小楠（横井小楠記念館寄託）などの肖像写真。遣米使節団員の本班としてアメリカ各地を巡る途中で写真術を学ぶ機会のあった佐賀藩医の川崎道《どう》民《みん》らが撮影した、文久元年５月15日撮影の大槻磐渓（一関市博物館寄託）などの肖像写真。彼らの手によるガラス板の１枚のポジティブ（陽画）として見せる湿板写真（Collodion Positive）の手法。またイギリス領事館員ガウワー（Abel A.J Gower）が、複数枚のステレオタイプ紙焼き写真を得るため、安政６年（1859）秋から万延元年冬頃に愛宕山から江戸城方面を撮影した可能性が高いと町並みから推定できる、現存する江戸を写した最古の風景写真（オーストリア国立図書館所蔵）のネガティブ（陰画）であるガラス板の湿板写真（Collodion Negative）。これらはいずれも万次郎が制作した湿板写真の仕様とは異なっている。

つまり、黒い樹脂をガラス面に塗布する技法は、幕末期の万次郎制作による湿板写真の特徴のひとつといえよう。よって小沢写真は、「御出府日記」に記されている来客者たちを撮影したと同じ頃、包紙にある万延元年７月16日に、万次郎によって江戸の江川邸内で撮影されたものと考えるのが無理のないところであり、日本人の手により撮影された現存する最古の湿板写真といえるであろう。

また江川家には、江川英敏が所持していた包紙に「英敏所持之、文久元年酉年六月製之、肥田春安為成正像」と書かれている江川家侍医肥田春安（咸臨丸に乗船していた肥田浜五郎の父）の肖像写真と、包紙に「皓斎所持之、文久元年酉年六月製之、貞道」と書かれている江川家手代雨宮貞道（中平）の肖像写真が伝来している。この２枚（約縦61×横５、厚さ１.９ミリ）のガラス板の湿板写真（８頁）は、ともに裏紙の下のガラス面に黒い樹脂が塗られている様が観察でき、画像層の上側には別にカバーガラス（厚さ約０.９ミリ）が被せてある。小沢写真に比べてガラスサイズが小さいため、写っている範囲は狭くなっている。しかし、被写体である人物の顔の縮率はほぼ同じであることから、小沢写真と同じ辺りの位置から同じカメラとレンズを使って撮影されている湿板写真であるとわかる。技法と状態、被写体人物との関係性から、２枚の湿板写真は小沢写真と同じく、軍艦操練所の教授を免職となり謹慎中であった万次郎が、江戸の江川邸内で文久元年（1861）６月に制作したものであるといえよう。そして万次郎とレンズ越しに向き合う前には、鉄と同様に小沢、肥田、雨宮らも着物を左右反対に着直していたと考えられる。

ガラス板を用いる湿板写真法の利点は、最終的に画像層を裏返しにして見ることを前提にした撮影を行うことで、左右が正像となるポジティブ（陽画）画像の写真が得られることにあった。また薬品調合を変えることにより、画像層を厚くしたコントラストの低いネガティブ（陰画）画像のガラス板の種板（画像層が厚いために黒布などのうえに置いてもポジティブ画像に変換できないものが大半）を作製して、画像層と塩化銀紙や鶏卵紙などの感光紙を直に密着させてプリントすることで、正像の同じ紙焼き写真を複数枚得られることに大きな価値があった。これらは露光時間の短縮や価格の安さとともに、それまでのダゲレオタイプに変わり、湿板写真が実用写真として広まっていく大きな要因であった。しかし、万次郎がアメリカから持ち帰った写真術はガラス面に黒い樹脂を塗布するため、銀メッキした銅板を用いるダゲレオタイプと同様に、裏側から画像層を透かして見ることができず、またプリントのための種板としても利用することはできなかった。そのため近年まで、万次郎の写真活動は１枚の鏡像となるダゲレオタイプの写真と混同して流布さられていた。

1859年（安政６）から横浜に滞在していたアメリカ人フランシス・ホール（Francis Hall）の記録には、1860年10月29日・月曜日（万延元年９月16日）、S〔adajiro〕からの報告として、アメリカから戻った万次郎が江戸でダゲレオタイプの撮影に成功したと記されていた。

3　アメリカで学んだ万次郎の写真術

ウイリアム・シュー制作の写真と江川英敏肖像写真の類似性

これまで被写体の人物不詳とされてきた、江川家伝来の２点（2・４頁）の若い武士のガラス板の湿板写真は、遣米使節団員がサンフランシスコで写真撮影をしたウイリアム・シュー（William I.Shew）の写真館と同様の西洋式ケースに収められている。しかし、人物の周りの背景は、写真スタジオ内で撮られた遣米使節団員の写真とは異なる。１点の写真（４頁）には人物の動きを抑えるために本来隠して用いる首押さえが写り込んでしまっており、また蓋付きケースの左側に写真が収められ日本式の右開きとなっている。つまり、アメリカの完成された商業写真としての肖像写真とは趣が違っている。これら２点の写真について、劣化状況などを確認するためケースから一時的に外して詳細な調査（口絵）を行なった。その結果、外側からケース・金属フレーム・カバーガラス・金属マット・画像層を上にした湿板写真の順番となっている全体の構成とともに、画像層裏側のガラス支持体面には、小沢写真と同様に黒い樹脂が薄く塗布されており、そこには細かい亀裂があることが判明した。加えて被写体人物を拡大して確認すると、羽織の紋が井桁に菊の江川家のものであることが明らかとなった。これらの特徴から、２点の若い武士の写真は咸臨丸で帰国した万次郎によって、国内で撮影された万延元年頃の37代当主である青年代官の江川英敏の姿と推定できる。

また別に、「元治元年十二歳」との裏書がある最後の代官となった江川英武肖像写真（10頁）との容姿比較をもとにして、これまで慶応年間の13歳から16歳頃の英武像とされてきた西洋式ケースに入れられたガラス板の湿板写真（３頁）がある。この写真ついても同様にケースから外し状態を調査したところ、黒い樹脂が裏側のガラス面に塗布されていた（口絵）。このことから

福澤諭吉と写真館の娘（慶應義塾福澤研究センター所蔵）

先の２点の英敏写真と同時期、万延元年から文久元年頃に万次郎により撮影された、英武の実兄である当主江川英敏の17歳から18歳頃の姿である可能性がきわめて高いことが判明した。西洋式ケースの底には、「Littlefield, Parsons & Co,」の社名と、「Daguerreotype Cases」との表記が見えている。表面に人物模型などの飾りがリベットで結合されたこの特徴的なケースは、リトルフィールド・パーソンズ社が1856年10月14日に特許を取ったダゲレオタイプ用ユニオンケースで、当時はダゲレオタイプと湿板写真の両方が写真館で制作され、写真機材やケースも兼用されていた時期であることを物語っている。同様のケースは、フィラデルフィアのジャーモン写真館（GERMON'S Photographic Gallery）やニューヨークのブレデイ（Brady's Galery）などで写真術の講習を受けたと考えられる、遣米使節団員本班の佐賀藩医川崎道民もアメリカから持ち帰ったようである。帰国後の川崎道民は、松前藩主の松前崇広《たかひろ》に写真術の指導をしていたことが、藩主側近家臣らから聞き取りした談話をまとめた「松前家史料」（北海道立図書館蔵）にみえており、道民が撮影したと推定できる松前崇広肖像写真（松前町郷土資料館蔵）には、「Littlefield, Parsons & Co,」製のケースが使用されている。その他に川崎道民は、弘化２年（1845）に日本で最初のダゲレオタイプ写真技術書の翻訳本「印象鏡説」を著したと推定される箕作阮甫や第10代佐賀藩主鍋島直正らを撮影し、湿板写真を西洋式ケースに収めて献上している。また前述の大槻磐渓の写真にも西洋式フレームが用いられている。

いっぽうで、万次郎らとともに咸臨丸で渡米した福澤諭吉が、サンフランシスコのウイリアム・シュー写真館で撮影したことが確かである、金属マットに「Wm. SHEW, 113 MONTG' Y, St, SAN FRANCISCO」との打刻があるガラス板の湿板写真４枚（慶應義塾福澤研究センター蔵）が、修復のために一時的にケースから外された。この時の詳細な修復記録（白岩洋子氏作成）によると、万次郎撮影の小沢や英敏の湿板写真と同じような黒色の樹脂（ニス）が、薄く画像面裏側のガラス面に塗布され、同じく全体的に細かい亀裂がある劣化状況が確認された。加えて画像層を保護するために重ねられているカバーガラスの周囲を留めている茶色の紙テープは、小沢写真、肥田

「亜行航海日記」(東京大学史料編纂所所蔵レクチグラフ)

春安、雨宮貞道の湿板写真とまったく同じものが使用されている様が明らかとなった。残る不明点は、シューが用いたカバーガラスの接着材が同じであるか否かである。この点を解明するには万次郎が制作した写真を分解する必要があるため、現状ではカバーガラス越しの目視観察により同じであると推測するにとどまっている。

これらガラス板の湿板写真を写真作品として仕上げる手法全体と材料が酷似していることにより、万次郎が写真術を学んだとされるサンフランシスコの写真館とは、咸臨丸が修理を行なっていたメーア・アイランドの宿舎から船で通い、福澤ら遣米使節団メンバーがたびたび足を運んでいる、写真材料の販売業も営んでいたウイリアム·シューの写真館であったのではないだろうか。

ウイリアム・シューの写真家としてのキャリアは、アメリカ人写真家の草分け的存在であり、電信機の開発者として有名なサミュエル・モールス（Samuel F.B.Morse：52頁）から、1841年にダゲレオタイプの技術を兄弟で学んだことによりはじまった。1844年には、ボストンでダゲレオタイプ用の写真ケースの製造販売も手掛けるようになり、続いて1851年には、弟ヤコブからの誘いを受けてゴールドラッシュにより発展が著しいサンフランシスコに活動拠点を移し、貨車を利用したスタジオをオープンした。1854年になると写真ビジネスを拡大し、客の求めに応じてダゲレオタイプだけでなく、より安価なアンブロタイプ（Ambrotype, positive photographic images on glass）や紙焼き写真の制作を開始。また歴史的内容を含んだ各種の風景写真の製造販売をはじめるとともに、写真料金の全体的な値下げなども行なった。1856年からは、のちに写真家として大成したマイブリッツの持ちビルであったモントゴメリー通り113番地に移転。しかし隣人には1849年からサンフランシスコでいち早く開業していた、強力なライバルであるロバート・バンス（Robert H.Vance）の写真館があった。当時バンスのもとでは、のちに岩倉使節団員として渡米した大久保利通の写真（23頁）を撮影したほか、ヨセミテの美しい自然風景の撮影をマイブリッツと競い、アメリカに国立公園制度が生まれるきっかけをつくったワトキンスが修行中であった。向かい合ったウイリアム・シューとロバート・バンスは、1850年代後半のカルフォルニアにおけるアンブロタイプの作製権利を巡り激しく対立した。

加藤素毛肖像写真（加藤素毛記念館所蔵）

アンブロタイプの写真

遣米使節団の本班に随行した加藤素毛《そもう》の「亜行航海日記」（東京大学史料編纂所蔵レクチグラフ）の万延元年４月13日の条には、ワシントンの写真館での撮影状況が挿絵入りで次のように記録されている。

> （前略）亭主とおばしき人来りて、此の鏡板の大小を見せる。外箱と板と別になりてあり、小を「スモル」と云う大を「ラーヂ」と云う。日本人は損をいといて五、六寸以下を求む。其の箱はコムと云いて水牛ようの物にて色々の模様を付け金物打たるあり、赤革を似て造るあり。半ドル以下は一閑張の覆なり。然して写させんとする時日本人夫々は常の侭にて向う時、鏡に皆左に成る。初めて北亜「サンフランシスコ」に上陸中、写真を乞うに皆左たり。故に此処にて衣服・大小迄、右に帯して向うなり。（中略）夫より此の裏に松ヤニの如きを塗り、箱に入れて飾りをなし、同人の姓名書を添えて贈る（後略）

加藤の記述からは、先のサンフランシスコでの経験を活かして着物と刀を左右逆にしたこと、現像後には裏面に松ヤニのような樹脂を塗ったものであること。ケースに収めて装飾したものであったことが明らかであり、この時の撮影はアンブロタイプであったと理解できる。

このアンブロタイプとは、ボストンのジェイムス・アンボローズ・カッテイング（James Ambrose Cutting）が、1854年７月にアメリカで製法の３つの特許を取得した、コロジオン湿板写真法を応用して作製する、鮮明なポジティブ画像のガラス板写真のことである。ガッティングの特許の概略は、はじめに薄いコロジオン層の中のネガティブ銀画像をガラス板上に得ること、次に画像層ない裏側のガラス面に黒褐色となる天然樹脂を塗布すること、最後に画像層の上には保護のためのカバーガラスを被せて摩擦と空気から画像を守り永久に保つというものであった。しかし、このポジティブ画像のガラス板写真を作製する方法には、改良を加えたものなど、いくつかのバリエーションが派生し、アンブロタイプを巡る特許とその総称の使用については争いも生まれていた。

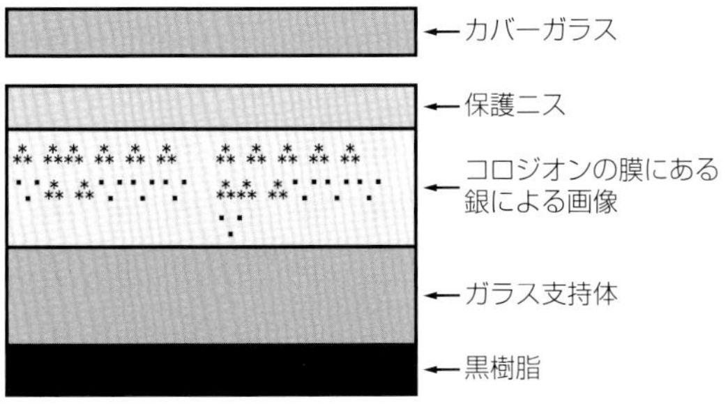

図1　アンブロタイプ

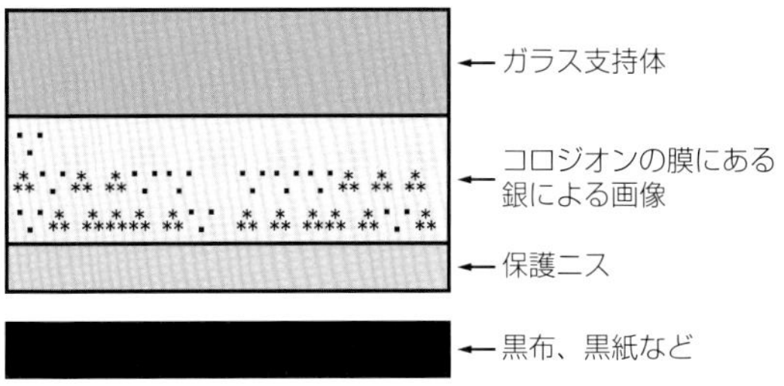

図2　コロジオン・ポジティブ

1857年10月、ロバート・バンスはカルフォルニアにおけるアンブロタイプの特許使用権は自分にあるとし、同地域の他の写真家がアンブロタイプと称して模倣写真を作製していることを非難する新聞広告を掲載した。いっぽうのウィリアム・シューは、自分はカッテイングから直々にアンブロタイプの教示を受けたサンフランシスコで唯一の写真家であり、アンブロタイプを行う暗黙の権利を持っていると主張した。さらにシューは、1858年1月に「展覧会に出品しドア近くに掛けられていた私のアンブロタイプの写真は8時から11時まで太陽の光に当たっていたにもかかわらず1ヵ月後にも何も変化がなかった、しかしバンスが不滅と主張する彼のアンブロタイプの写真はガラスの間から樹脂の接着剤が溶解し画像は気泡に覆われて失われてしまった」とバンスの技術について酷評広告している。バンスは訴訟をおこしてアンブロタイプの特許使用の権利を主張したが、安価なアンブロタイプの一般化の大きな流れを止めることはできず、最終的には1861年に写真館を他人に売り払い写真界から去った。

万次郎がアメリカで習得した写真術は、自分がサンフランシスコでの第一人者であり、カッテイングによる天然樹脂を塗布する技法を忠実に再現することができる技術を持った写真家であると自負していた、ウイリアム･シューによるアンブロタイプの写真であったのではないだろうか。なおも検討の必要があるが、万次郎は限られた自由時間に、サンフランシスコのウイリアム・シューが使っているものと同じ薬品や器材類を購入し、実際の暗室作業や撮影手順を他の遣米使節団メンバーが撮影されるときなども利用して学んだ。そして日本に持ち帰り、ウィリアム･シューの写真館と同じ技法であるアンブロタイプで肖像写真を制作した可能性が高いと考えるのが自然であろう。ただし、シューは写真に彩色を施していることが多いが、万次郎は彩色の技術までは習得していなかったようである。

万次郎により制作された西洋式ケース入のアンブロタイプの写真は、江川家伝来の英敏の写真以外にも確認することができる。まず江川家譜代の家臣である柏木忠俊（6頁）、長沢与四郎（7頁）といった人物の湿板写真について、劣化状況と技法に関する調査を行なったところ、裏側に塗布された黒い樹脂や写真を収める西洋式ケースを構成するパーツ組み合わせの順番と構造がともに、他の万次郎が制作した西洋式ケース入りのアンブロタイプの湿板写真と同様であることが判明した。

江川家関係以外では、文久元年1月29日に江戸で写真撮影したことを日録に「晴　写真いた

左：吉田東洋肖像写真（土佐山内家宝物資料館所蔵）
右：山口直邦肖像写真（小島資料館所蔵）

し候事」と記している、翌文久２年に暗殺された土佐藩の吉田東洋《とうよう》の写真。また小沢写真と同じポーズをとる騎兵頭格講武所砲術師範をつとめた山口直邦の写真。これらの写真も、まったく同じ仕様のアンブロタイプの写真であり、西洋式ケースのパーツ組み合わせの順番と構造、加えてパーツをまとめて固定するために使用されているテープ類などの素材も同じであることが調査から判明した。２点の写真は技法とケース装備の特徴、また万次郎個人や江川家と被写体の関係性から、万次郎が撮影したものと推定できる。吉田東洋の写真は、脇差を帯に結びつける下げ緒が内側から出ていることから、あらかじめ着物を左右反対に着たうえで刀を逆に差して同郷の万次郎とレンズ越しに対面した様子が知れる。山口直邦の肖像写真は、一度も訪れたことがない自分の領地小野路村の名望家である小島家に与えられていることが、文久３年３月16日の条の「小島日記」（小島資料館所蔵）の「殿様御像を写し候鏡下され床之間きじの箱へ入れ置く」との記述から明らかである。万次郎によって撮影された写真を利用して、山口直邦は領民に領主としての姿を見せようとしたのではないだろうか。

このほかに、万次郎と親しい間柄にあった医師の三宅艮斎《みやけごんさい》と艮斎の妻遊亀の写真（東京大学総合研究博物館研究部所蔵）、咸臨丸で渡米した軍艦奉行の木村喜毅《よしたけ》肖像写真（木村家蔵・横浜開港資料館保管）なども、万次郎により撮影されたアンブロタイプの写真である可能性が高いものである。

4　江戸における日本人の写真事情

洋学者らの実験的写真と万次郎の交流の可能性

万延元年から文久元年の江戸における日本人の湿板写真術の事情について、外国人から学んだ実用写真と洋学者らの実験的写真の観点から整理し、万次郎の写真術の位置を再考する。

万延元年９月16日には、福岡藩医の武谷椋亭《たけやりょうてい》が江戸の洋学者らに向けて、湿板写真のガラスネガから作製した「ポトガラヒー（紙焼き写真）」を発送している。これを受領した洋学者である川本幸民《こうみん》は、紙焼き写真まで完成させている福岡藩に比べ、みずからの湿板写真研究は遅れていることを万延元年10月４日付けの武谷宛返礼書簡（福岡県立図書館寄託）のなかで「（前略）御近製之ポトガラヒー三葉頂戴（中略）当地へも器機相渡り過日一見仕候へ共、器機も揃不申薬品も不足二御座候、書物相添居候間玻璃版図之条のミ一見和解仕置候得共、紙之方ハ不得見其内被取返残念二御座候、彩色も出来候ハヽ既二結構二御座候（後略）」と伝えている。書簡に「当地へも器機相渡り過日一見」とある器機は、前月にアメリカから帰国した川崎道民が持ち帰った写真器材を指しているのではないだろうか。川崎道民が撮影した初期写真としては、ケースの張り紙から安政６年11月に江戸の中屋敷で撮影されたと伝えられる10代藩主鍋島直正《なべしまなおまさ》像の６点の湿板写真（鍋島報效会所蔵）が知られている。しかし実際には、道民が遣米使節として渡米する直前の安政６年11月ではなく、オリジナルの湿板写真は文久元年12月に鍋島直大《なおひろ》が直正から家督を継いだときの撮影と伝えられている後年の複写プリントの鍋島直大像（鍋島報效会所蔵）と同じ、道民が遣欧（竹内）使節団員として渡欧する直前の文久元年の暮れに江戸で撮影された可能性が高いのではないだろうか。川崎道民の写真術取得について、国元の佐賀藩精錬方の写真術研究と直接結びつく史料は今のところ未見である。よって、川崎道民がニューヨークのBrady's Galeryなどで、実践的に学び、カメラ器材を持ち帰り写真制作が可能となったのは、先に咸臨丸で帰国した万次郎より後の万延元年９月以降と考えるのが無理のないところである。そして、その写真活動の実質的な始まりは、文久元年５月15日に、師匠である大槻磐渓の61歳の還暦祝いの撮影からであり、終わりは藩主の家督相続があった前述の文久元年12月の鍋島直大の撮影頃までと短期間であったと考えられる。その後の川崎道民は、宇田川興斎の仲介により大垣藩の戸田氏らにカメラ機材を売り渡して写真活動から遠ざかったことが、興斎の「勤書」や、道民から購入した写真器材を用いた写真術の伝習を戸田らに行った鵜飼玉川が、上田藩で写真術の研究を行っていた大野木左門へ送った書簡（上田市教育委員会寄託）などから知れる。

川本幸民の安政５年からの居住地である「江戸木挽町」が包紙に記され、内容から文久元年と推定される門人森田正治に宛てた幸民の書簡（上田市教育委員会寄託）では、「（前略）春来ポトグラヒーと申写真図制作ニ刻苦いたし候、五月来斬出来上り大楽ニ御座候、（中略）此頃紙ニ写候方ニ取掛り居候（後略）」とあり、５月には幸民が湿板写真の制作に成功し、次に紙焼き写真を試みている進捗現況を伝えている。この頃、川本幸民とともに蕃書調所にいた市川斎宮《さいぐう》の「浮天斎日記」には、文久元年８月26日の条に「行川本、見写図」とあり、幸民のところに行き写真を見たことが記されている。また文久元年10月撮影の科学実験的な自作カメラによる川本幸民夫妻肖像の湿板写真（日本学士院所蔵）も現存していることから、幸民ら江戸の科学者による湿板写真術の修得は文久元年であったといえよう。

これらの動静は、福岡藩と同様に長崎でオランダ軍医のポンペらのもとで科学実験を繰り返したのち、安政６年（1859）６月頃に来日し翌万延元年にかけて日本国内で写真撮影を行なったスイス人職業カメラマンのロシエ（Pierre Joseph Rossier）から、実際の湿板写真の技術を学んだ上野彦馬《うえのひこま》と堀江鍬次郎《ほりえくわじろう》が、江戸の藤堂藩邸で湿板写真術を示すため、オランダ商人A.Jボードウィン（Albertus Johannes Bauduin）から購入した湿板写真機を携えて出府した時期とも重なる。川本幸民と同様に福岡藩から万延元年９月に「ポトガラヒー」を送られた宇田川興斎は、滝田茂吉と武谷椋亭の両名に宛てた文久元年６月13日付けの書簡（福岡県立図書館寄託）の中で「藤堂公之写真機械先月上旬安着ニ而毎度御試険有之私儀も時々拝見罷出候」と記している。また興斎の「勤書」には、万延２年（文久元）５月６日に「一、藤堂公へ罷出、写真鏡拝見」、同年同月19日に「一、藤堂様へ写真御試ニ付、罷出候。」とあり、上野彦馬と堀江鍬次郎らが長崎から持ち込んだ写真機材を用いた写真実験を５月６日と同19日に見学していることが知れる。

上野彦馬の文久元年の江戸での活動に関連して、堀江鍬次郎が藤堂藩上屋敷で上野彦馬を撮影したと伝えられる湿板写真は、上野彦馬関係写真の中では珍しい、黒い樹脂がガラス面に塗られているものとして注目される。上野彦馬撮影関係で､ほかに同様の下塗りが確認されているのは、慶応元年（1865）に長崎で撮影された柳河《やながわ》藩士曾我祐準《そがすけのり》肖像（柳川文書館所蔵）が現存するのみである。彦馬の江戸滞在は、文久元年５月から同年９月17日の藤堂藩主の帰藩に付き従うまでの期間である。いっぽうの万次郎は前述の肥田と雨宮らの撮影を文久元年６月に芝新銭座の江川邸内で行なったと考えられ、次に江戸を離れるのは同年12月である。この間に彦馬と万次郎らの間で、お互いに前年に習得した湿板写真の技術を巡り何らかの交流があったことを黒い樹脂は示しているのであろうか。また宇田川興斎が見学した文久元年５月６日と同19日の藤堂藩での撮影実験前後の５月２日と同21日に、興斎は内藤清閑のもとを訪問している様が「勤書」にみえている。内藤清閑は、万延元年７月18日に万次郎が江川邸内で写真撮影した人物である。この頃、前津山藩主の松平確堂（「勤書」では確堂様もしくは姿見様と表される）と内藤清閑、あるいは藤堂藩主の藤堂高猷の間を行き来する興斎の姿が「勤書」に散見される。よって、宇田川興斎

堀江鍬次郎撮影伝、上野彦馬肖像写真
（日本大学芸術学部写真学科所蔵）

が情報をもたらす媒介者となり江戸と長崎の写真術を結びつけていたのかもしれない。こうした湿板写真を巡る情報は、宇田川興斎と親しい交友関係にある川本幸民や、この頃に江戸に行き西洋人から写真術を伝習したと細野要斎《ようさい》の『葎《むぐら》の滴《しずく》』（神宮文庫所蔵）に記されている、美濃初の写真師となる興斎の従弟の小島柳蛙《りゅうあ》とその兄当三郎《とうざぶろう》らにも伝わっていたのではないだろうか。宇田川興斎の実父である飯沼慾斎の万延元年４月28日付の小島当三郎宛書簡（慾斎研究会所蔵）からは、慾斎が江戸からの写真術に関する情報を待ち望んでいる様子が伝わる。江戸で写真術が実用化するこの時期、興齋が湿板写真術の情報を得るため奔走していたことが容易に想像させられる。

万次郎がアメリカで実学として短期間に習得して持ち帰った、湿板写真をアンブロタイプとして１点の肖像写真に仕上げる写真館の作品主義的な写真術。彦馬らが長崎で実験を繰り返した洋学研究の末に得た、湿板写真をネガ種板として利用し複数枚の同一画像の紙焼き写真を得ようとするマスメディア的な写真術。それぞれ異なった経緯ではじめられた湿板写真の技術が、文久元年の江戸で出会い飛躍的に開花したのではないだろうか。1859年にイギリスのフレテリック・スコット・アーチャー（Frederick Scott Archer）により発明された湿板写真術が、さまざまな文化に触れて発展改良されながら世界を東西から巡り、幕末という激動の江戸でひとつになったといえるのではないだろうか。それはイギリスの産業革命からはじまった資本主義と砲艦外交、またキリスト教の伝導が世界に広がっていく道筋とも重なっているといえよう。

おわりに

万次郎の写真活動とその周辺について、まずは江川家伝来のガラス板の湿板写真と「御出府日記」を中心にして述べた。その結果、他の写真技術取得者が使用していなかった黒色の樹脂を塗布したアンブロタイプと呼ばれるものであったこと、加えて「御出府日記」の７月17、18、29日の条に連続して万次郎が写真撮影した記録があることから、包紙に万延元年７月16日とある小沢写真は万次郎の撮影であると推定できた。つまり、万次郎は湿板写真の技術を用いて実質的に活動した最初の日本人であり、その活動を後押ししたのが江川家であったといえよう。

アメリカで学んだ万次郎の写真術とは、それまでの日本の写真術が洋学や科学実験の延長線上にあった軍事や殖産目的とは一線を画す、すでに商業写真として完成された写真術を短期間で実学として習得したものであった。また同時に、写真を鑑賞作品として仕上げる手法をアメリカの写真館から導入し、西洋社会で根付いていた個人的記憶のために写真を残すという写真文化をいち早く持ち込んだのである。今や世界屈指の写真大国である日本に、文化として写真を受容し広めた最初の日本人は、中浜（ジョン）万次郎であったのである。

1　幕末の肖像写真
――ジョン万次郎の湿板写真

中浜万次郎の肖像写真（丸木利陽写真館製、中浜京氏所蔵）

江川家の古写真コレクションのうち、ジョン万次郎こと中浜万次郎撮影によるガラス原板写真がもっとも古い時代のものである。

土佐出身の万次郎（信志、1827-98）は、天保12（1841）年、漁に出て漂流した後、米国船に救われて諸科学の教育を受けた。10年後には日本への帰還を果たし、伊豆韮山《にらやま》代官江川英龍《えがわひでたつ》の手附となったのである。万次郎は万延元（1860）年、遣米使節の別行隊として咸臨丸《かんりんまる》で渡米し、サンフランシスコで写真術を学んだ。ここで湿板写真機と薬品を購入して日本へ持ち帰っている。一般に湿板写真のうち、露出を抑えて撮影して得られたネガ画像のガラス原板を裏返し、黒い布などの上に置いて、反射光でポジ画像としてみるものをアンブロタイプとよんでいる。万次郎が撮影した写真原板には、ガラス面に独特な黒い樹脂が上塗りされており、よりくっきりとしたポジ画像を直接見る工夫がされている。万次郎が米国から持ち帰った、はじめて米国で特許がとられたアンブロタイプ本来の独自手法である。

ガラス原板の入ったケースや包紙の記載、さらに日記史料の解読など、一連の史料調査が行われるなかで、帰国後の万次郎が万延元年から翌年にかけて、さかんに写真撮影を行なっていたことがわかってきた。なかでも米国製ケースに大事に収められた肖像写真は、ガラス面に万次郎独特の黒い樹脂が塗布され、像主の羽織には井桁に菊の家紋が観察された。江川英龍は安政2（1855）年に亡くなっているので、これは万次郎撮影による若き当主江川英敏《ひでとし》（1843-62）の肖像だったのである。英敏が所持した幕臣小沢太左衛門《おざわたざえもん》や手代たちのガラス原板写真もコレクションに含まれている。

文久2（1862）年8月15日、英敏が亡くなると、弟の英武《ひでたけ》（1853-1933）が家督を継いだ。最後の一枚は、元治元（1864）年の裏書がある英武の湿板ポジ写真であり、ガラス面は万次郎撮影のものより一回り大きく、撮影者は不明だが、幕末最後の代官英武を撮影した貴重な肖像写真である。

1　**江川英敏**　江川家第37代江川太郎左衛門英敏（1843-62）のアンブロタイプ写真。中浜万次郎撮影。先代英龍（坦庵）を継いで伊豆韮山代官・鉄砲方を兼職した。米国製ケース入り（口絵参照）。

2　江川英敏　米国製ケース入り（アンブロタイプ）。

3　江川英敏　米国製ケース入り（アンブロタイプ）。

4　幕臣小沢太左衛門　小普請組支配世話取扱をつとめた小沢太左衛門の肖像写真（アンブロタイプ）。江川英敏は小沢の世話により、石井多喜をめとった。包紙には万延元（1860）年７月16日、夕７つ時に撮影したとある。このとき55歳か。

5　**柏木忠俊**　手代柏木忠俊（総蔵、1824-78）の肖像写真（アンブロタイプ）。米国製ケース入り。柏木家は江川家譜代の家臣で、幕末期の忠俊は元締手附をつとめた。（柏木俊秀氏所蔵）

6　長沢与四郎　手代長沢与四郎（忠順）の肖像写真（アンブロタイプ）。長沢家も江川家の譜代家臣、忠順は幕末期に元締手代をつとめた。伊豆の国市韮山郷土史料館寄託史料。

湿板写真のあれこれ

日本では、コロジオンを主薬として用いて制作されたガラス板の写真を湿板《しっぱん》写真（Wet collodion process）と総称している。しかし実際には、コロジオン･ポジティブ、コロジオン･ネガティブ、アンブロタイプと分類され、それぞれに異なる制作過程と使用の最終形態から、海外では３つを明確に区別して示すことが多い。また画像層の支持体には、ガラス以外に鉄板（フェロタイプ／ティンタイプ）や布、紙などさまざまにある。さらに湿板写真は原板が湿った状態で撮影を行うのに対し、同じコロジオンを主薬とした原板が乾いた状態で撮影できる乾板《かんぱん》写真（Dry collodion process）も存在する。

とくにこれまで日本の写真史上では、万次郎が制作したアンブロタイプ（谷解説図１）とそれ以外の日本人が制作したコロジオン・ポジティブ（谷解説図２）、あるいはコロジオン・ポジティブとコロジオン･ネガティブを混同してとらえていた。今後は正確にわけて写真史を見直す必要があろう。（谷）

7　肥田春安　江川家の家臣･侍医肥田春安（為成）は、肥田浜五郎（為良）の父。アンブロタイプ。包紙には、英敏が所持し、文久元（1861）年6月に製したとある。

8　雨宮中平（貞道）　手代雨宮中平（貞道）の肖像写真（アンブロタイプ）。包紙には英敏（皓斎）が所持し、文久元（1861）年6月に製したとある。

9　松岡正平　手代松岡正平（惟中）の肖像写真（複製）。明治43（1910）年、日本橋三越で開催された展示会に万次郎撮影として出品された。オリジナルのアンブロタイプは江川英武の女婿山田三良の所蔵とされる。

10　原川徹平　同じ三越展示会に山田三良が出品した肖像写真（複製）。『みつこしタイムス』8-12（1910年）は、沼津藩士原川徹平の肖像写真とする。原川は江川英龍に仕えた蘭学者矢田部卿雲の義兄（妻の兄）、手代八田兵助が叔父にあたる。

11　**江川英武**　江川家第38代江川太郎左衛門英武（1853-1933）の湿板写真ポジ。英武は英敏の死後、代官と鉄砲方を継いだ。撮影者は不明。額装された裏面には、元治元（1864）年、12歳の肖像とある。

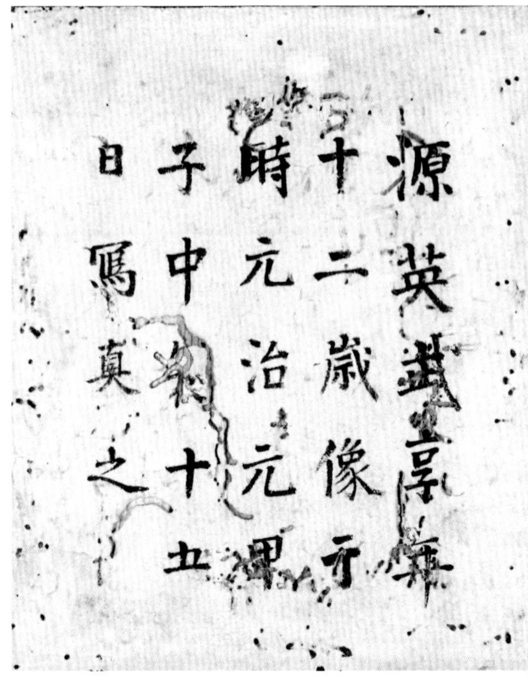

源英武[illegible]年
十二歳像于
時元治元甲
子中[illegible]十五
日寫真之

江川英武肖像写真（額装）の裏書

2　最後の代官江川英武と妹英子

本章には米国留学前の江川英武《ひでたけ》と、妹英子・真孝《まさたか》夫妻の写真を収めた。

最後の代官江川英武は、維新後も韮山《にらやま》県権知事などをつとめたが、明治4（1871）年に米国留学を命じられ、岩倉使節団に随行して旅立つことになった。出発を目前にした英武は、横浜の写真家下《しも》岡蓮杖《おかれんじょう》のもとで名刺代わりに配布するための肖像写真を作成している（以下、名刺写真と呼ぶ）。江川文庫にはこのときの領収書も保存されている。

2年間にわたって欧米を歴訪した岩倉使節団は、正使岩倉具視《いわくらともみ》、副使木戸孝允《きどたかよし》らによって構成され、江川家のもと家臣の肥田浜五郎《ひだはまごろう》（為良《ためよし》）も理事官として加わっていた。使節団には多くの留学生が同伴し、英武もこのひとりであった。手代森田留蔵も英武とともに留学生に加わった。

江川太郎左衛門英龍の肖像画（江川文庫所蔵）

いっぽう、英武の実妹英子は、父英龍とつながりがあった木戸孝允の養女となり、明治4年10月、木戸の盟友河瀬《かわせ》真孝に嫁いだ。河瀬は長州藩遊撃隊を率いた人物であり、維新直前に英国へ渡って帰国したばかりであった。コレクションには英子と、当時木戸に養われていた高杉晋作《たかすぎしんさく》の遺児東一《とういち》が写ったガラス原板写真が含まれている。国立歴史民俗博物館の木戸家コレクションには、この同じ日に同じスタジオで英子と木戸の妻松子《まつこ》が一緒に撮影された写真もある。このほか、英子や真孝の写真は、韮山にいた二人の叔母、三畿と多以の手元に残されたものである。河瀬夫妻は明治6（1873）年、イタリア公使としてローマへ赴任したため、現地から韮山へ送られた写真がコレクションに含まれている。

帰国後の英武が姉・卓と妹・英子と写った一枚きりの湿板ポジ写真もここにおさめた。

1　**江川英武**　維新後の明治4（1871）年11月、江川英武は岩倉使節団と共に米国留学へ出発する。英武は横浜の下岡蓮杖のもとで大量の名刺写真を作成し、その領収書も残されている（口絵参照）。包紙にも「江川様御写真、写真師下岡蓮杖」などとあり、20枚入りであったことがわかる。立像。大半の裏面に「RENJIO YOKOHAMA、横浜 蓮杖斎」のスタンプがある。

2　**江川英武**　下岡蓮杖撮影の名刺写真。座像。

（裏面）

3　江川英武

これも米国留学直前に作成したと思われる名刺写真(複製)。３つのポーズがある。包紙には、「明治四辛未年十一月、於東京取タル写真、源英武」とある。

4　江川英武

5　江川英武

6　江川英子と高杉東一　湿板写真ポジ。英武の実妹英子（1855-1911）は、木戸孝允の養女となって河瀬真孝に嫁いだ。英子の隣は、木戸家で養育された高杉晋作の遺児東一である。８の写真と同一の服装・同一セットで撮影されており、同時に撮影されたものと考えられる（1872年）。

7　江川英武・英子・卓　湿板写真ポジ。米国留学から帰国直後の英武が写っており、明治12（1879）年末頃の撮影と推定される。中央は実妹の河瀬英子（英龍の七女）、左端は当時唯一存命の実姉・石川卓（たか、英龍の三女）であろう。卓は石川英吉に嫁ぎ、明治25年に53歳で亡くなった。

8　木戸松子と英子　木戸家コレクションに含まれる湿板写真ポジ（国立歴史民俗博物館所蔵）。木戸孝允の妻松子と英子が写っている。箱書きには英子18歳・松子30歳とあり、明治５（1872）年、東京九段・塚本鳳舎撮影とされる。

9　**木戸孝允**　1833-77。長州藩士、桂小五郎。嘉永５（1852）年に江戸へ遊学し、ペリー来航に接した。江川英龍の手代で剣客の斎藤弥九郎の弟子となり、英龍の江戸湾見分に従僕として加わった。その後長州藩政の中核を担うようになり、新政府では参議をつとめた。維新三傑のひとり。「木戸孝允公」の裏書あり。

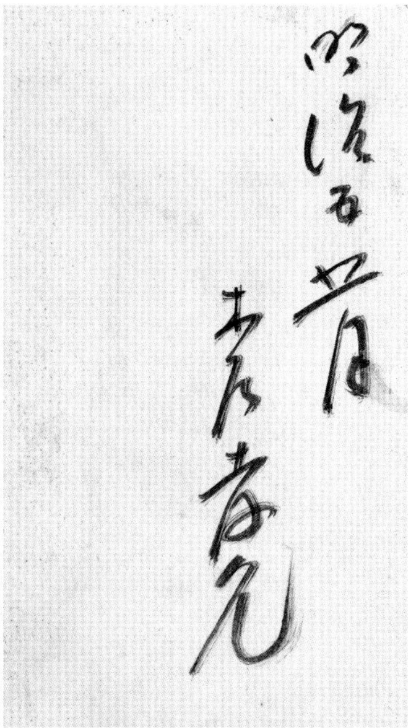

（裏面）

10　**木戸孝允**　木戸は岩倉使節団の特命全権副使として参加し、明治６（1873）年７月に帰国した。木戸の日記には、明治５年５月３日にワシントンで、さらに16日にはニューヨークで写真店に行ったことが記されている。裏面の墨書メモはどちらの写真なのだろうか。

（裏面）

11　河瀬（江川）英子　英子が夫真孝の赴任先ローマから韮山の２人の叔母へ贈った写真。裏面には、私の帰りまで大事に仕舞って人に遣わさず候よう願い候、とある。ローマのル・リュール（H. Le Lieure）写真館。

12　河瀬真孝　1840-1919。もと長州藩士、石川小五郎と称し、長州藩の遊撃隊を率いた。慶応３(1867)年に英国へ渡り、明治４(1871)年に帰国。木戸孝允の仲介で江川英子と結婚した。明治６年にイタリアへ行き、特命全権公使をつとめた（明治10年７月帰国）。ローマのシェンボシュ（Shemboche）写真館。

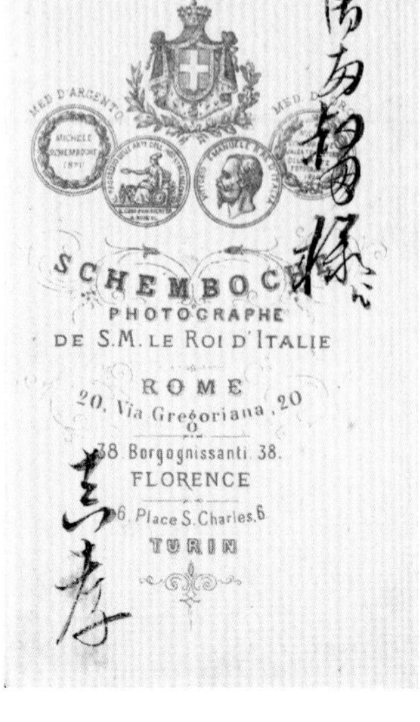

（裏面）

13　河瀬（江川）英子　ローマのススピイ（Suscpii）写真館。

14　河瀬（江川）英子　ローマのシェンボシュ（Shemboche）写真館。

15　河瀬（江川）英子　ロンドンのマヤブ（M.E. Mayabb）写真館製。裏書に「御叔母様、英」とある。

16　河瀬（江川）英子　ローマのシェンボシュ写真館。

17　河瀬真孝　ローマのシェンボシュ写真館。

18　河瀬真孝　ローマのシェンボシュ写真館。

19　河瀬真孝　ロンドン滞在中のもの。ロンドン写真学校（The London School of Photography）製。

20　西洋人乳母と乳児　韮山の両叔母宛に送られた河瀬夫妻の子供と乳母の写真。裏書きには８か月とある。夫妻はローマ滞在中に３人の子供を儲けるが、いずれも早世し、その墓は現在もローマ市内にあるという。ローマのシェンボシュ写真館。

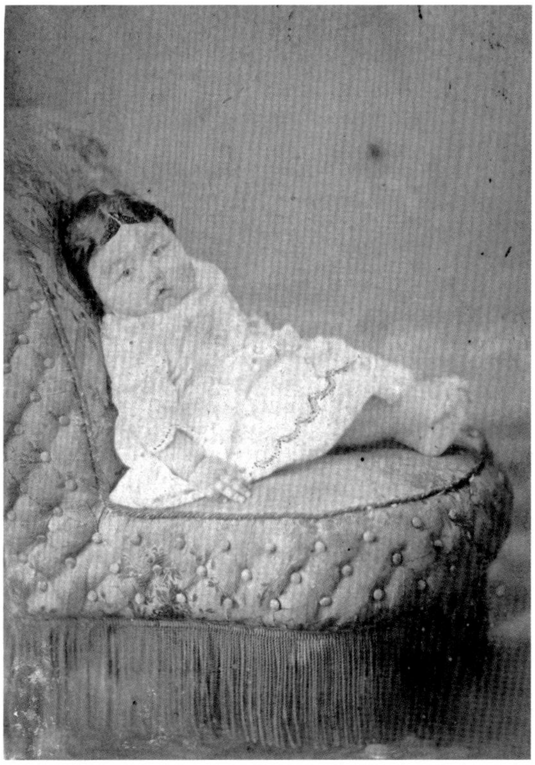

21　乳児　英子の子。ローマのシェンボシュ写真館。

（裏面）

22　江川多以か　浅草の江崎礼二写真館で撮影されたもの。明治10（1877）年４月と裏書がある。江川英武の二人の叔母（三幾と多以）のうち、三幾はこの年２月に70歳で亡くなっているので、明治21（1888）年に78歳で亡くなる多以の可能性が高い。

23　バチカン（聖ピエトロ教会）　河瀬夫妻がローマ赴任中に韮山へ送ったもの。フィレンツェのフラッテーリ・アリナーリ（Fratelli Alinari）製。

24　イタリア国王　イタリア国王ヴィットリオ・エマヌエーレ２世（1820-78）の肖像写真。フィレンツェの写真館の台紙であり。裏面に「御父上様」などとある。英子の筆跡のようだ。フィレンツェのフラッテーリ・アリナーリ製。英子は「外交界の花」と称賛され、国王との謁見の際も通訳を用いず、フランス語で会話したと伝えられる（読売新聞、1911年７月10日号）。

25　イタリア王太子　のちのウンベルト１世（1844-1900、1878年即位）である。裏面に「太子様」などとある。

26　イタリア王太子后　のちのマルガリータ王妃（1851-1926)。裏面に「皇妃様」など。

3　英武の米国留学

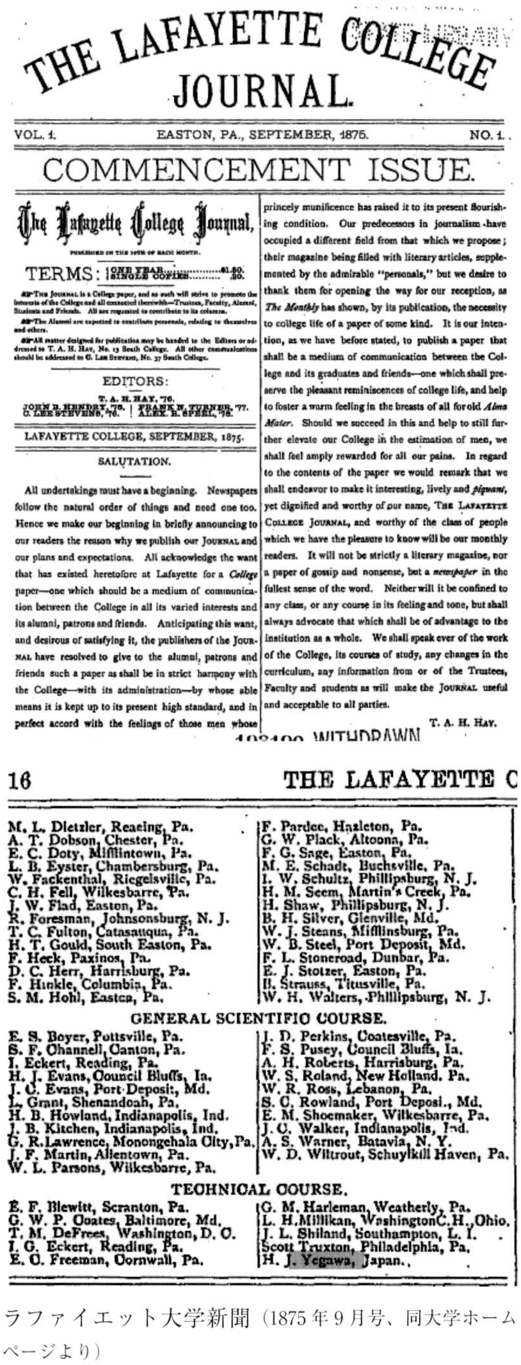

THE LAFAYETTE COLLEGE JOURNAL.

VOL. 1. EASTON, PA., SEPTEMBER, 1875. NO. 1.

COMMENCEMENT ISSUE.

The Lafayette College Journal,

PUBLISHED ON THE 10TH OF EACH MONTH.

TERMS: ONE YEAR......$1.50. SINGLE COPIES......20.

☞The Journal is a College paper, and as such will strive to promote the interests of the College and all connected therewith—Trustees, Faculty, Alumni, Students and Friends. All are requested to contribute to its columns.

☞The Alumni are expected to contribute personals, relating to themselves and others.

☞All matter designed for publication may be handed to the Editors or addressed to T. A. H. Hay, No. 13 South College. All other communications should be addressed to C. Lee Stevens, No. 37 South College.

EDITORS:

T. A. H. HAY, '76.

JOHN R. HENDRY, '78. | FRANK N. TURNER, '77.
C. LEE STEVENS, '76. | ALEX. R. SPEEL, '78.

LAFAYETTE COLLEGE, SEPTEMBER, 1875.

SALUTATION.

All undertakings must have a beginning. Newspapers follow the natural order of things and need one too. Hence we make our beginning in briefly announcing to our readers the reason why we publish our Journal and our plans and expectations. All acknowledge the want that has existed heretofore at Lafayette for a *College* paper—one which should be a medium of communication between the College in all its varied interests and its alumni, patrons and friends. Anticipating this want, and desirous of satisfying it, the publishers of the Journal have resolved to give to the alumni, patrons and friends such a paper as shall be in strict harmony with the College—with its administration—by whose able means it is kept up to its present high standard, and in perfect accord with the feelings of those men whose princely munificence has raised it to its present flourishing condition. Our predecessors in journalism have occupied a different field from that which we propose; their magazine being filled with literary articles, supplemented by the admirable "personals," but we desire to thank them for opening the way for our reception, as *The Monthly* has shown, by its publication, the necessity to college life of a paper of some kind. It is our intention, as we have before stated, to publish a paper that shall be a medium of communication between the College and its graduates and friends—one which shall preserve the pleasant reminiscences of college life, and help to foster a warm feeling in the breasts of all for old *Alma Mater*. Should we succeed in this and help to still further elevate our College in the estimation of men, we shall feel amply rewarded for all our pains. In regard to the contents of the paper we would remark that we shall endeavor to make it interesting, lively and *piquant*, yet dignified and worthy of our name, The Lafayette College Journal, and worthy of the class of people which we have the pleasure to know will be our monthly readers. It will not be strictly a literary magazine, nor a paper of gossip and nonsense, but a *newspaper* in the fullest sense of the word. Neither will it be confined to any class, or any course in its feeling and tone, but shall always advocate that which shall be of advantage to the institution as a whole. We shall speak ever of the work of the College, its courses of study, any changes in the curriculum, any information from or of the Trustees, Faculty and students as will make the Journal useful and acceptable to all parties.

T. A. H. Hay.

WITHDRAWN

16　THE LAFAYETTE C

M. L. Dietzler, Reading, Pa.
A. T. Dobson, Chester, Pa.
E. C. Doty, Mifflintown, Pa.
L. B. Eyster, Chambersburg, Pa.
W. Fackenthal, Riegelsville, Pa.
C. H. Fell, Wilkesbarre, Pa.
J. W. Flad, Easton, Pa.
R. Foresman, Johnsonsburg, N. J.
T. C. Fulton, Catasauqua, Pa.
H. T. Gould, South Easton, Pa.
F. Heck, Paxinos, Pa.
D. C. Herr, Harrisburg, Pa.
F. Hinkle, Columbia, Pa.
S. M. Hohl, Easton, Pa.
F. Pardee, Hazleton, Pa.
G. W. Plack, Altoona, Pa.
F. G. Sage, Easton, Pa.
M. E. Schadt, Buchsville, Pa.
I. W. Schultz, Phillipsburg, N. J.
H. M. Seem, Martin's Creek, Pa.
H. Shaw, Phillipsburg, N. J.
B. H. Silver, Glenville, Md.
W. J. Steans, Mifflinsburg, Pa.
W. B. Steel, Port Deposit, Md.
F. L. Stoneroad, Dunbar, Pa.
E. J. Stotzer, Easton, Pa.
B. Strauss, Titusville, Pa.
W. H. Walters, Phillipsburg, N. J.

GENERAL SCIENTIFIC COURSE.

E. S. Boyer, Pottsville, Pa.
S. F. Channell, Canton, Pa.
I. Eckert, Reading, Pa.
H. J. Evans, Council Bluffs, Ia.
J. C. Evans, Port Deposit, Md.
L. Grant, Shenandoah, Pa.
H. B. Howland, Indianapolis, Ind.
J. B. Kitchen, Indianapolis, Ind.
G. R. Lawrence, Monongehala City, Pa.
J. F. Martin, Allentown, Pa.
W. L. Parsons, Wilkesbarre, Pa.
J. D. Perkins, Coatesville, Pa.
F. S. Pusey, Council Bluffs, Ia.
A. H. Roberts, Harrisburg, Pa.
W. S. Roland, New Holland, Pa.
W. R. Ross, Lebanon, Pa.
S. C. Rowland, Port Deposit, Md.
E. M. Shoemaker, Wilkesbarre, Pa.
J. C. Walker, Indianapolis, Ind.
A. S. Warner, Batavia, N. Y.
W. D. Wiltrout, Schuylkill Haven, Pa.

TECHNICAL COURSE.

E. F. Blewitt, Scranton, Pa.
G. W. P. Coates, Baltimore, Md.
T. M. DeFrees, Washington, D. C.
I. G. Eckert, Reading, Pa.
E. C. Freeman, Cornwall, Pa.
G. M. Harleman, Weatherly, Pa.
L. H. Millikan, Washington C. H., Ohio.
J. L. Shiland, Southampton, L. I.
Scott Truxton, Philadelphia, Pa.
H. J. Yegawa, Japan.

ラファイエット大学新聞（1875年9月号、同大学ホームページより）
同年の入学者名に、江川英武（Yegawa）が見える。

本章には米国留学中の英武《ひでたけ》関係の写真を収めた。岩倉使節団とともに米国へ渡航した江川英武は、ニューヨーク近郊のピークスキル兵学校に入学した。同行した使節団員や留学生と交わした名刺写真（名刺代わりの肖像写真）などがコレクションに多く含まれている。米国留学時の写真は当時整理してアルバムや木箱に収められたが、その後さまざまな写真が入り混じり、原秩序は失われていると考えたほうがいいのかもしれない。なかにはヨーロッパで撮影された名刺写真もあり、どこでどのように受け取ったものか判然としないものもある。留学時代に関係した現地の人々や兵学校での教師・友人の名刺写真、学校での様子を記録した写真などは貴重な歴史資料である。英武は近くのハイランド・フォールズの学校にも通ったが、短期間だったためか、それらしい写真は見当たらない。

1874年、官費留学生に対する帰国命令が出るが、英武は残留して兵学校を修了し、さらにペンシルヴァニア州イーストン市のラファイエット大学に進学して土木工学を学んだ。当時の街並みや構内の様子を撮影した写真に加え、やはり教師・友人との大量の名刺写真が存在する。ここではとくに特徴的な裏書のあるものなどを選択して収めている。留学時に韮山の叔母宛に送った自らの写真画像には、ニューヨークで撮影し彩色されたフェロタイプ（ティンタイプ）写真など、珍しい写真も含まれている。結局英武の留学は8年間におよび、郷里の韮山では、足柄《あしがら》県令をつとめた柏木《かしわぎ》忠俊《ただとし》が旧家臣団を束ねて、江川家を支えていた。この柏木は、英武の帰国を待たず、明治11（1878）年に亡くなり、その後は望月大象や雨宮中平、さらに肥田浜五郎らが江川家を支えることになる。

1　**江川英武**　1873年５月31日、ニューヨーク・ブロードウェイのフレデリクス社（Frederick&Co.）写真館で撮ったもの。６月12日にハイランドフォールズから韮山の両叔母宛に送ったことが、裏面の記述からわかる。英武は、ニューヨーク北方のピークスキル兵学校（Peekskill Military Academy）に入学し、一時期はハドソン川の対岸でやや上流のハイランドフォールズのドナルド・ハイランド専門学校（D.H.Insitute）で学んでいる。署名H.T.Yegawaのミドルネームは、HideTakeとも、代々の通称太郎左衛門の頭文字Tとも考えられる（現地新聞ではHidetake Taro Yegawaとたびたび表記された）。

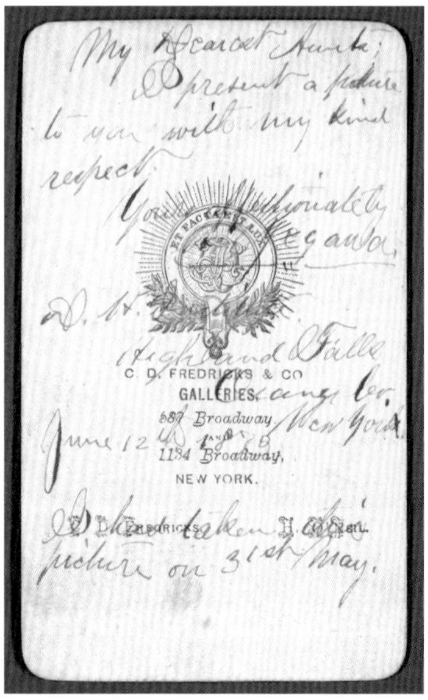

（裏面）

2　**江川英武**　これもニューヨーク・ブロードウェイの写真家ボーガルダス（Bogardus）撮影のもの。裏面に叔母宛の挨拶を記したペン書きがある。1873年１月１日付英武書簡に、クリスマス休みにニューヨークで撮った写真を叔母宛に送る旨が記されており、この写真であろう。

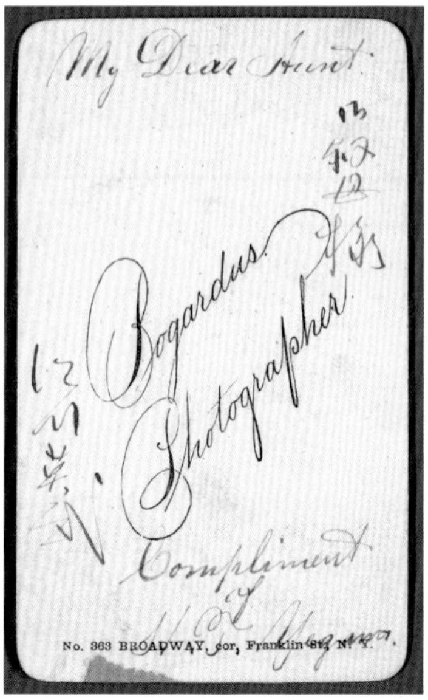

（裏面）

3　大久保利通　1830-78。薩摩藩出身、参議。明治4（1871）年の岩倉使節団に副使として随行し、帰国後は内務卿として絶大な実権を握るが、明治11（1878）年5月14日、紀尾井坂で暗殺された。サンフランシスコの著名な写真家カールトン・ワトキンス（1829-1916、Carlton Watkins）の写真館（ヨセミテ・アートギャラリー）で撮影したもの。名刺写真として用いられ、裏面の名前書は自署である。

（裏面）

4　岩倉具視　1825-83。特命全権大使として欧米を歴訪し条約改正予備交渉を行なった。帰国後も政府の中心で活躍するいっぽう、華族会館を創設するなど華族政策にも尽力した。

5　日本人男性　ワシントンのベル（Bell）写真館の台紙である。

6　児玉章吉か　佐土原藩の児玉章吉（日高次郎）。明治３年（1870）に藩主の長男忠亮に随行して渡米。裏面に英語で江川に宛てた挨拶が記され、「Giro Kodam」の署名と「1872年５月18日、マサチューセッツ州イーストハンプトン」とペン書きされ、そしてボストンのアレン（Allen）写真館のロゴマークがある。

7　本多　晋　敏三郎とも。1845-1922。幕臣で、江川家手代雨宮中平の女婿である。彰義隊頭取となった抗戦派だが、維新後は大蔵省から欧米へ派遣された（1872～３年）。裏面に「恭呈江川君、於龍動府、本多晋」の書き込みがある。ロンドンのエリオット＆フライ（Elliot & Fly）写真館の撮影。

8　日本人男性　ニューヨーク・ブロードウェイのフレデリクス社写真館。

9　高橋新吉か　1843-1918。薩摩藩出身。明治３（1870）年米国に留学。フィラデルフィアのラブジョイ（Lovejoy）写真館製。

（裏面）

10　大久保利和　1859-1945。利通の長男。岩倉使節団に従って米国へ渡り、フィラデルフィアの学校で学んだ。帰国後は開成学校を経て大蔵官僚。明治23（1890）年から貴族院議員。フィラデルフィアのシュパーズ（Suppards）写真館である。

11　宇都宮三郎　1834-1902。尾張藩出身の西洋砲術家。文久３（1863）年には韮山反射炉における大砲鋳造に参加。維新後、明治５（1872）年に工部省から欧州へ派遣された。セメントや耐火煉瓦の研究を行うなど工学分野で活躍した。ミシガン州アノーバーのリヴノウ（Revenaugh）写真館で撮影された。

12　橋本正人　彦根藩出身。井伊直憲の欧米視察に随行。県営彦根製紙場の設立に尽力するいっぽう、大蔵省や内務省に出仕した。裏面に「呈江川兄、二五三三年第三月、橋本正人」と記される。1872年である。

13　河北俊弼　裏面に署名がある。1844-91。長州藩出身。松下村塾で学んだのち、慶応３（1867）年に藩命で英国に留学。明治６（1873）年の帰国後は陸軍に出仕した。ロンドンのエリオット＆フライ写真館製。

14　松崎万長　幼名延丸、1858-1921。明治４（1871）年岩倉使節団に随行しドイツへ渡る。12年間滞在し、ベルリン工科大学で建築を学んだ。帰国後は官庁の建設計画を進め、ドイツの建築技術を導入した。包紙には明治８年３月、当年17歳となる延丸の写真を進呈すると記されており、写真の裏書には「御伯母様」とある。ベルリンのフェフナー（Wilh. Fechner）写真館製。

15　森田留蔵（忠毅）　1844-1917。壬生藩士友平栄の弟。江川英龍に入門し、遣米使節団（咸臨丸）にも随行。手代森田貞吉の養子となった。旧主江川英武とともに米国へ留学し、明治12（1879）年10月、英武とともに帰国した。明治13年、韮山に牧羊社を開設するなど牧畜に取り組んだ。ニューヨーク・ブロードウェイのサロニー写真館製。1874年1月3日の裏書がある。

16　森田留蔵（忠毅）　ニューヨーク・ブロードウェイのフレデリクス社写真館。

17　日本人男性（Y.Saisho）　米国ニュージャージー州ニューブランズウィックのクラーク（D.Clark）写真館製である。英文挨拶の裏書がある。日本人留学生が多かったラドガース大学の町である。

18　日本人男性

19　矢野二郎　1845-1906。幕臣富永惣五郎の次男。父惣五郎は江川英龍と交流があった。明治6（1873）年に外務省に出仕し、ワシントンの日本公使館に派遣される。のち東京府立商法講習所（のちの一橋大学）初代所長。ワシントンのジュリアス・ウルケ（Julius Ulke）写真館製。1875年。

20　矢野二郎　ワシントンのベル写真館製。

21　大鳥圭介　1833-1911。播磨国の医師の子。適塾・坪井塾で学び、江川塾で兵法を講じた。その後幕臣となって歩兵奉行などをつとめ、戊辰戦争ではフランス伝習歩兵を率いて抗戦した。維新後は大蔵・陸軍・工部省に出仕した。ロンドンのエリオット＆フライ写真館製。

22　石黒太郎（T.Ishigro）　彦根藩出身。内務省に出仕し、彦根県権大参事、浜松県参事、福井県令などを歴任した石黒務（伝右衛門）の子。英武と同時期にピークスキルで学んでいる。裏面に英文挨拶がある。ニューヨーク・ブロードウェイのボーガルダス写真館。

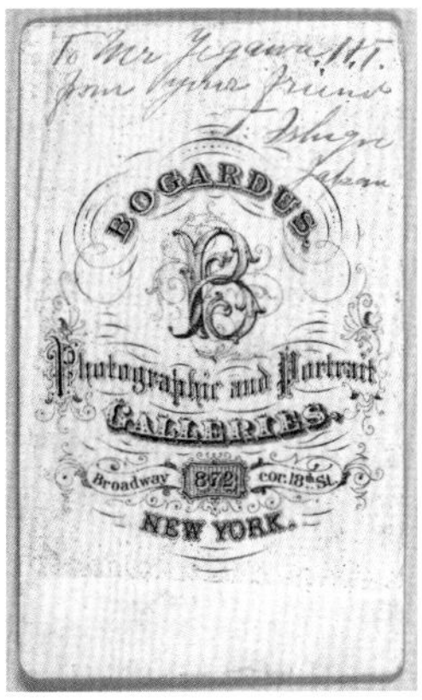

（裏面）

23　福井順　裏書には壬申（1872年）の夏にワシントンで交流があった旨が記され、「辱知福井順再拝」とある。

24　田中貞吉　1857-1905。岩国藩出身。明治５（1872）年にアメリカ留学。帰国後は海外植民事業に尽力。ボストンのアレン＆ローウェル（Allen&Rowell）写真館製。裏書に「明治八年七月十三日、田中貞吉」とある。

25　今立吐酔　1855-1931。福井藩出身。グリフィスの帰国に随行してアメリカに留学。ペンシルバニア大学で化学を専攻し、明治15（1882）年に京都中学校の初代校長となる。フィラデルフィアのギルバート＆ベーコン（Gilbert&Bacon）写真館製。裏書挨拶で「学友」と記している。

26　小野寺正敬　1845-1907、元幕臣。江川英龍に入門して砲術を学び、維新後は明治３（1870）年に米国へ留学。ホルブルック社で技術を学び、帰国後は洋紙事業に尽力した。ボストンのアレン写真館製。

27　柏木忠俊　1824-78。幼主江川英武を支え、戊辰戦争では新政府につく判断を行う。維新後は韮山県大参事、足柄県令をつとめ、民政に力を注いで殖産興業政策を進めた。江川家を支える旧家臣団の中核。明治5（1872）年3月、内田九一写真館製。

28　柏木忠俊か

29　肥田浜五郎（為良）　1830-89。長崎海軍伝習に参加し、咸臨丸での渡米を果たした。幕臣に取り立てられ、軍艦頭となる。維新後も新政府に出仕し、岩倉使節団には理事官として参加した。明治期の江川家を支えたひとり。鈴木真一写真館製。

（裏面）

（裏面）

31　望月大象（雨宮中平か）　望月大象（直信、1828-77）と雨宮中平は、韮山代官所手代をつとめ、維新後も江川家に仕えた。内田九一写真館製。

30　肥田浜五郎（為良）　フィラデルフィアのグーテクンスト（Gutekunst）写真館製。

32　ピークスキル兵学校での調練風景　江川英武が最初に学んだピークスキル兵学校（Peekshill Military Academy）の様子である。同校はニューヨーク北方70㎞ほどに位置し、1833年に開校し、1968年まで存続している。隊列の先頭に英武がいる。ニューヨーク・ブロードウェイの写真家パッチ（G.W.Pach）のエンブレムがある。

33　風景（建物）　裏面に写真家ピエロン（Pierron）の名前があり、ピークスキルの風景か。

34　ピークスキル兵学校での集合写真　校舎前の広場での集合写真。手前中央に英武が陣取っている。右手後方に校長のライト大佐が見える。広場の巨大な樫の木は、最近まで同市内に保存されていたという。ニューヨーク・ブロードウェイの写真家パッチ撮影。

35　ピークスキル兵学校での集合写真　前の写真とほぼ同じ位置での集合写真。みな小銃を手にしている。

36　ピークスキル兵学校の校舎と前庭（ステレオ写真）

37　ピークスキル兵学校での調練風景（ステレオ写真）　野戦砲２門がみえる。

38　ピークスキル兵学校での調練風景（ステレオ写真）　野戦砲調練の様子。

39　ピークスキル兵学校での集合写真（ステレオ写真）　平装の学生たち。最後列中央にライト校長、その右手前に英武がいる。

（裏面）

40　江川英武　軍装の英武。ニューヨークのキュルツ（W.Kurtz）写真館製。

（裏面）

41　江川英武　軍装の英武。ピークスキルのビール（Beale）写真館製。

42　**街並みの風景**　ペンシルヴァニア州イーストン市の風景か。

43　イーストン市南部から市街とラファイエット大学を望む　イーストン市は、ニューヨーク西方130kmほどに位置し、名門ラファイエット大学が置かれていた。

44　西洋建築　オハイオ州デイトンのネフ（John Neff）写真館製。おそらくデイトン市内、友人からプレゼントされたものだろうか。

45　人物銅像（イーストン市内か）　イーストンのノットマン（W.Notman）写真館製。

46　ラファイエット大学パルディ・ホール（Pardee Hall）　江川英武は私費で米国に留まり、ラファイエット大学に進学した。このカレッジは1826年に創設され、キャンパスの主要な建物は現在も健在である。パルディ・ホールは1873年に完成したが、その後1879年・1897年の２度の火災に遭ったという。イーストンのノットマン（W.Notman）写真館製。

47　ラファイエット大学グリーン天文台（Green observatory）

48　ラファイエット大学ジェンクス・ホール（Jenks Hall）　1865年に建設され、化学校舎に使用された。

49　ラファイエット大学寄宿舎（Blair, Newkirk, Mckeen, Martien and Powel Halls）　学生は基本的に寄宿舎に入る。

50　ラファイエット大学ウエスト・カレッジ（West College）

51　ラファイエット大学サウス・カレッジ（South College）　ラファイエット大学で最も古い校舎のひとつで、これは1878年にパルディ・ホールから撮影したもの。

52　ラファイエット大学サウス・カレッジ（South College）　ノットマン写真館製。

53　ラファイエット大学サウス・カレッジ（South College）　ノットマン写真館製。

54　ラファイエット大学での集合写真　英武は1875年９月に工学科土木工学専攻へ入学し、79年卒業組は45名であった。パルディーホール正面玄関での記念写真。英武は最前列の左から２人目。初めての日本人卒業生であった。

55　ラファイエット大学での集合写真　パルディーホール裏面玄関での記念写真。英武は３段目の中央付近。

56　土木工学専攻の記念写真　測量器具が写っており、土木工学専攻の記念写真と思われる。同級生と交わした名刺写真もあり、英武の左隣がジェームズ・エリオット、左端がジョセフ・フォックスである。

57　アクセサリー(会員バッジ)　英武はΦΔθ（ファイ・デルタ・シータ）のフラタニティー（全国組織の学生社交クラブ）に所蔵した。この会員バッジをつけた名刺写真も撮られている。イーストンのノットマン写真館製。

58　江川英武　ピークスキル兵学校時代のもの。同地のパーキンス(Perkins)写真館のフェロタイプ（ティンタイプ）写真である。写真を包んでいた包紙には明治5年4月1日（西暦1872年5月7日）到来と注記される。

（裏面）

59　江川英武　台紙があり、ピークスキルのパーキンス・フェロタイプ写真館のものである。

60　江川英武　これも58と同じ包紙で一括されており、同封した全身写真のものはピークスキル兵学校の制服だとする、1872年3月8日付英武書翰の内容とも合致する。

61　江川英武

62　西洋人男性　ピークスキル兵学校生徒か。

63　相馬永胤　1850-1924。彦根藩出身。1870年、彦根藩留学生として渡米し、1873年に一時帰国、再渡米後は法律学・経済学を修め、1880年に専修学校（のちの専修大学）を創立した。横浜正金銀行頭取をつとめる。英武と同時期にハイランドフォールズで学んだ。

64　西洋人男性　ピークスキル兵学校生徒か。

65　西洋人男性　ピークスキル兵学校生徒か。

66 西洋人男性 ピークスキル兵学校生徒か。同地のパーキンス・フェロタイプ写真館

67 ピークスキル兵学校長（Charles Jefferson Wright）
ライト大佐はピークスキル兵学校長。フェロタイプ写真以外に軍装の名刺写真（鶏卵紙）もある。鶏卵紙のほうは、ピークスキルのビール（A.M.Beale）写真館で撮影されている。

68 西洋人男性 ピークスキル兵学校生徒か。台紙裏には、ニューヨークのトムソン（A.Thomson）写真館とある。

69 西洋人男性 ピークスキル兵学校生徒か。ニューヨーク・ブロードウェイのニコルス（Nichols）写真館である。

70　西洋人女性（Mrs.C.J.Wright）　ピークスキルのライト校長夫人。ニューヨーク・ブロードウェイのサロニー（Sarony）写真館製の名刺写真。裏書には「アメリカの姉より」とある。

71　西洋人男性（H.Greeting）
裏書にH.グリーティング。ニューヨーク・ブロードウェイのボーガルダス写真館製。

72　西洋人女性　裏書に挨拶文。ニューヨーク・ブルックリンのプラサール（Prasall）写真館製。

73　西洋人男性　ピークスキル兵学校生徒か.

74　西洋人男性　ピークスキル兵学校生徒か。ピークスキルのシャーウッド写真館製。

75　西洋人男性　ニューヨーク・ブロードウェイのケリー（Kelly）写真館製。

（裏面）

76　西洋人男性（J.N.Lieden）　ピークスキル兵学校教師か、1875年12月24日の日付がある。ニューヨーク・ブロードウェイのサロニー写真館製。

77　もとロナルド・ハイランド専門学校長（Robert Donald）　英武が一時期学んだハイランドフォールズのロナルド校長である。同校はウェストポイント士官学校の予備門の役割を果たしていたらしい。当時ロナルドはライトとともにピークスキル兵学校長を共同でつとめ、この写真もピークスキルのシャーウッド（Sherwood）写真館で撮影された。裏書には「教師と友人からよろしく。PMA、1874年３月17日」とある。

78　もとロナルド・ハイランド専門学校長（Robert Donald）　ピークスキルのビール写真館製。裏書には、やはり「教師と友人からよろしく」とある。

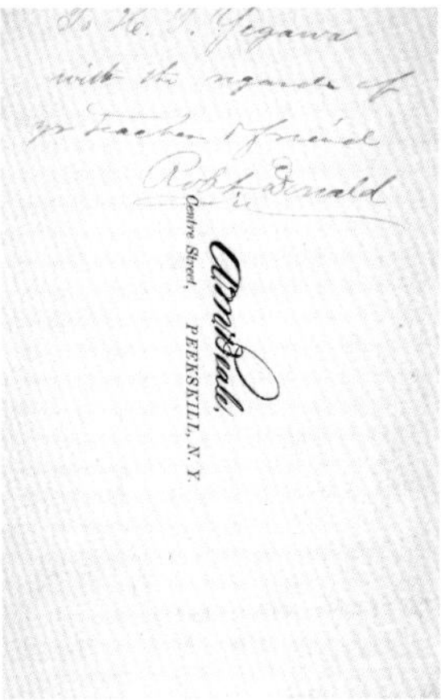

（裏面）

（裏面）

79　西洋人男性（Bard Wells）　ラファイエット大学の同級生。1877年７月９日、「ピクニックを忘れるな」の裏書あり。ペンシルヴァニア州ポッツヴィルのブレッツ（Georgc M. Bretz）写真館製。

80　西洋人男性　ピークスキル兵学校教師か、「わが友へ」と仏語裏書あり。ピークスキルのハミルトン（Hamilton）写真館製。

81　ラファイエット大学学長（William C.Cattell）　ニュージャージー出身のカッテル（1827-98）は、プリンストンで神学を学び、ラファイエット大学で古典学を教えた。長老派教会の司祭であった彼は、1863年から20年間、学長をつとめた。イーストンのクネヒト（R.Knecht）写真館製。

82　西洋人男性（A.L.Baker）　裏面に本人の名前と、1878年11月23日、ラファイエット・カレッジの書き込みがある。イーストンのノットマン写真館製。

83　西洋人男性（Abr.R.Speel）　裏面に、ワシントンD.C.の住所と名前、「ΦΔθ（ファイ・デルタ・シータ）での兄弟の絆は変わらない」などの書き込みがある。イーストンのノットマン写真館製。

（裏面）

84　西洋人男性（Selden J.Coffin）　裏面に1877年４月８日、本人の署名と書き込みがある。イーストンのノットマン写真館製。

（裏面）

85　西洋人男性（Charles W.Bixby）　1877年11月16日の裏書がある。同じΦΔθの友人である。イーストンのノットマン写真館製。

（裏面）

86　西洋人男性（A.C.M.Tanley）　こちらは81年クラスとあるので、同じフラタナティーの後輩であろう。イーストンのノットマン写真館製。

87　西洋人男性（J.S.Hunter）　同じフラタナティーでオハイオ出身の彼は、広い世界のどこにいても友人であることを忘れないで、などと書き込んだ。イーストンのノットマン写真館製。

（裏面）

88　サミュエル・モールス（Samuel Finley Breese Morse）　モースとも。1791-1872。画家、モールス電信機の発明者として知られ、奴隷制度を擁護し、反カトリック・反移民を主張した。フランスのダゲールから写真術を学んでいる。ニューヨーク・ブロードウェイのサロニー写真館製。

89　エイブラハム・リンカーン（Abraham Lincoln）　1809-65。第16代アメリカ合衆国大統領（在任1861～65）。南北戦争中の63年に奴隷解放宣言を公布。ワシントンの写真館製。

90　ホレス・グリーリー（Horace Greeley）
1811-72。ニューヨーク・トリビューン紙の編集者として知られ、奴隷制廃止を唱えた。1872年には大統領候補となるが、その選挙戦の最中に死亡した。

4　明治初年の人物と風景

コレクションのうち、明治初年の人物や風景を写したものをここにまとめた。一連の大判写真は、内田《うちだ》九一《くいち》撮影のものである。これは、江川英武の帰国予定に合わせ、米国で世話になった人々への礼品として内田から購入されたものであり、明治6（1873）年10月の領収書（口絵参照）も残されている。英武が帰国を延ばして米国の大学へ進学してしまったため、この写真はそのまま韮山に残されたのであろうか。

内田は明治天皇の西国巡幸の際に同行し、そのとき撮影した写真原板を所持し、そのプリントを販売していたと考えられる。購入された大判写真11枚のうち、ほとんどがコレクションに含まれているようだ。このほかにも内田の撮影と思われる画像が何枚か見受けられる。当時流布した著名な人物の名刺写真や、東京、横浜、あるいは日本各地の名刺サイズの写真の多くはオリジナルではなく、複製によるものである。実際、英武の二人の叔母や留守宅をまもった人々のものか、あるいは英武帰国後に収集されたものかは判然としない。なかには状態の良くないものも見受けられるが、いずれも貴重な歴史資料である。

英武滞米中に購入した写真アルバム（江川文庫所蔵）

1　**日光東照宮神庫**　内田九一撮影の大判写真。内田の領収書がある「大板写真」11枚のうちと考えられる。付箋に「日光宝蔵」とある。日光東照宮の神庫は元和5（1619）年に上棟され、寛永期に全面改修された。百物揃千人行列の装車や流鏑馬の道具が納められている。

2　惇信院霊廟奥院中門　内田九一撮影の大判写真。東京芝・増上寺の将軍御霊屋。８代将軍徳川吉宗は、享保５（1720）年に御霊屋の建立を禁じ、７代将軍家継の廟である有章院が最後となった。以後の将軍は既存のものに合祀されることになり、惇信院（９代将軍家重）は有章院に合祀されて、宮殿・宝塔・拝殿・唐門が追加設置された。

3　有章院霊廟唐門　内田九一撮影の大判写真。芝増上寺・御霊殿拝殿唐門の内側から表の勅額門を写したものか。

4　芝増上寺徳川家霊廟　内田九一撮影の大判写真。「東京、芝」の付箋。

5　京都 下鴨神社　内田九一撮影の大判写真。正式には賀茂御祖神社（かもみおやじんじゃ）。明治4（1871）年に官幣大社に列せられる。明治天皇の行幸先ではないが、上賀茂神社とともに写真が残されている。

6　大阪 西本願寺・玄関　内田九一撮影の大判写真。西国巡幸の行在所。門前には近衛兵が立っている。先回りして明治天皇の到着を待つ。付箋に「大坂本願寺境内」とある。

7　築地 海軍兵学寮集合写真　内田九一撮影の大判写真。明治２（1869）年９月に「海軍操練所」として始まり、翌年11月に「海軍兵学寮」、同９年８月に「海軍兵学校」と改称され、同21年の広島県江田島移転まで築地にあった。清水喜助の設計で、和洋折衷の形式である。明治６年１月24日撮影。

8　横浜居留地の遠景　内田九一撮影の大判写真。横浜山手からの景色。写真中央に見える堀川を超えると外国人居留地の洋館が広がり、その奥には港が見える。肥田浜五郎（為良）の意見により、購入した内田写真にはいずれも「裏打」（金縁ち台紙への貼込み）が施されている。

9　鹿児島磯の工場群　内田九一撮影の大判写真。手前のベランダがある洋館は、もと紡績所イギリス人技師の居館（異人館）。その奥に国内初の洋式機械紡績工場である鹿児島紡績所、陸軍大砲製造所と続く。薩摩藩が推進した集成館事業の地で、いずれも廃藩置県後に官有化された。西国巡幸では、手前の異人館で明治天皇が昼食をとった。

10　明治天皇・皇后・皇太后

11　**明治天皇**　1852-1912。明治６（1873）年10月８日、内田九一の撮影。２度目の御真影で、洋装姿はこれが初めて。

12　**美子皇后**　昭憲皇太后、1849-1914。明治６（1873）年10月14日の撮影で、左の明治天皇の写真と対で各学校に配布された。

13　**英照皇太后**　1833-97。孝明天皇の皇后。万延元（1860）年７月に、睦仁親王（のち明治天皇）の実母となる。

14　三条実美　1837-91。明治新政府で、副総裁・右大臣・太政大臣・内大臣などの要職を歴任。東京印刷局写真。

15　榎本武揚　1836-1908。海軍中将の正装姿。明治７（1874）年１月に開拓中判官から昇進。樺太千島交換条約交渉に尽力した。

16　徳川慶喜　1837-1913。江戸幕府第15代将軍。慶応３（1867）年３月28日か29日に、イギリス人サットンが大坂城で撮影。彩色あり。

17　伊藤博文　のちに初代総理大臣となる伊藤博文（1841-1909）。明治12（1879）年、明治天皇御下命「人物写真帖」収録のものと同じ。東京印刷局写真。

18　伊藤博文

19　閑院宮載仁親王　1865-1945。伏見宮家に生まれ、のち閑院宮家を継承。日清・日露戦争に出征した。

20　閑院宮載仁親王

21　西郷従道　1843-1902。西郷隆盛の実弟。第1次伊藤博文内閣では海軍大臣をつとめる。

22　山田顕義　1844-1892。長州藩出身の軍人。写真の画像は岩倉使節団に随行した際にパリで撮影したもの。「山田公」の裏書。

23　皇居・山里の吊橋　明治５（1872）年、お雇い外国人トーマス・ウォートルスによって設置された、日本初の鉄製吊橋。長さ約71m、幅約５m、高さ約18m。手すりには、金の菊や桐の紋章の装飾が施され、美しく磨き上げられたケヤキ板が使われていた。当時のインド以東で最大級のものとされている。また『THE FAR EAST』によれば、明治天皇は、この吊橋に大変な興味を示し、工事現場を何度も観察していたという。

複製写真のあれこれ

複製技術として生まれた写真の宿命として、撮影された直後を問わず同一イメージの複製写真が作製されることが多い。一点ものと考えられることが多い銀板写真や湿板写真においても、発明されてほどなく同じ技法によって複写する技術が開発され、複製品が作られている。

ガラスネガ原板と鶏卵《けいらん》紙《し》などを密着させて焼き付けることにより、紙焼き写真を得ていた湿板写真の時代には、写真のサイズと縮尺はネガ原板の大きさに既定された。そのため写真家自身が写真を縮小複写して、新たに名刺板サイズのネガ板を作製することもあった。他の写真家が許可なく複写して販売することも多く、明治９（1876）年には写真版権を保護する「写真条例」が出された。江川家の写真にも複写により作製された名刺写真が散見される。

また近年の研究では、写真家の間でネガ原板の貸借や譲渡なども行なわれていたことが明らかとなり、歴史資料としての写真のオリジナル性をどこに求めるか、その基準が揺らいでいる。（谷）

24　皇城（旧江戸城）虎ノ門　旧江戸城虎ノ門を撮影したものと思われる。明治4（1871）年、蜷川式胤・横山松三郎・内田九一が城内の撮影を行っているが、その中に、本写真と同地点から撮影されたものと思われる写真がある。裏面に「a part of city Yeddo」とある。

25　愛宕山からみた景色　愛宕山から琴平町方面を見た風景。奥に見える洋館は工部大学。明治3（1870）年の工部省設置に伴い、翌年に工部大学建設が計画され、工部寮と測量司が創設される。同10年に工部大学校へと改変されるが、この写真は工部大学時代のものと思われる。

26　東京招魂社灯明台　東京招魂社（現靖国神社）は明治２（1869）年６月29日に東京九段に創建された。写真の高灯籠は、明治３年７月に建設工事に着手、翌年10月に竣工した。東京湾に出入りする船の目標として、九段の灯明台と称された。

27　竹橋陣営　麹町区代官町にあった近衛歩兵兵営の旧称。現在の北の丸公園の位置。明治４（1871）年に英人トーマス・ウォートルスの設計によって竣工した明治政府最初の兵営。２階建ての煉瓦造り。

28　神奈川裁判所　神奈川裁判所は、明治５（1872）年に神奈川県庁舎内に設置されたが、場所が狭く外国人との裁判を抱えるなかで体裁が悪いことから、同７年に新築願が提出された。横浜吉田千歳町１丁目と山田町１丁目の民有地、総面積2,024坪余を買い上げて、翌８年に完成。しかし同10年には吉川小学校に下げ渡されている。「サイバンショ」の裏書。

29　東京大手町・大蔵省　明治５（1872）年頃に旧姫路藩上屋敷跡に建設された。明治６～７年にかけては、内務省との２枚看板であった。設計は林忠如。（裏）「大蔵省」。

30　日本橋・第一国立銀行　第一国立銀行は、明治６（1873）年６月11日に創立した。創立時の建物は、明治４年に三井組が出願し計画をすすめていた三井バンクのものを譲り受け、明治30年まで使用された。設計者は２代清水喜助。彼は米人建築士ブリジェンスと出会い洋風建築を学び、他にも築地ホテルなど初期擬製洋風木造建築の設計をした。30と31の写真を比較すると、手前の海運橋が木造から石橋へ架け替えられている。橋の架け替えは明治８年であるから、おおよその撮影時期が推測できる。31の写真の裏面には「バンク三井之屋敷」とある。

31　日本橋・第一国立銀行

32　女学校　明治４（1871）年12月に、東京に官立の女学校を設置することが布達され、翌年２月に開校した。11月には、竹平町の新校舎に移り東京女学校と改称したため、撮影時期は明治５年２月～11月頃か。

33　開成学校　明治６（1873）年４月、第一大学区第一番中学が改称され開成学校となった。同年８月、神田錦町に新校舎が落成したが、翌７年５月７日には東京開成学校と改称された。撮影はその間か。

34　東京築地　右手の洋風建築の看板に「日新真事誌」と書かれている。これは明治５（1872）年３月17日に、ジョン・レディー・ブラックが創刊した日刊紙であり、同６年８月に銀座４丁目に移ったという。その後同８年12月には廃刊しているため、撮影時期は、明治６年８月～同８年12月頃と思われる。

35　銀座通り（町並み）　明治５（1872）年に起きた銀座から築地一帯に及ぶ大火のあと、銀座煉瓦街の建築が進められた。お雇い外国人フロランの意見を採り入れ、大通りには街路樹を植え、ガス灯を点じた。歩道と車道が区別され、歩道にはアーケードが設置された。工事はウォートルスが指導し、新橋から京橋までの大通りは全長１㎞あまりにも及んだという。

36　**東京芝増上寺**　江戸幕府第７代将軍徳川家継の廟堂である有章院霊廟の内部写真。勅額門（右）と鐘楼（左）を南側から撮影。いずれも東京大空襲で焼失した。「東京、芝」の付箋があり、他の内田写真と同様に金縁ち台紙に貼り込まれている。内田九一の大判写真11枚のうちの１枚か。ファルサーリ商会が彩色して販売したアルバムに同じ写真がある。

37　**浅草寺仁王門**「浅草観音」の通称で栄えた。仁王門は慶安２（1649）年再建。その後明治18（1885）年に仲見世は煉瓦造りとなる。昭和20（1945）年の戦災で焼失し、現在の宝蔵門は昭和39年に再建されたもの。「浅草カンノン前」の裏書がある。

38　上野ガアデン（上野大仏）　右手に大仏が見える。明治６（1873）年までは大仏堂があり、露仏ではなかった。左手に見える２階建洋館は、現在も続く明治８年創業の韻松亭。その奥に見える屋根は、寛永寺の「時の鐘」。その右に明治９年開業の上野精養軒が見える。「上野ガアデン」の裏書。

39　横浜駅　米人建築家ブリジェンスによって明治４（1871）年に建設された。新橋―横浜間の営業開始は翌年５月７日である。

40　横浜町会所　明治７（1874）年４月に完成した木骨石造２階建ての建物。総建坪231坪余で、横浜最大級の建築だった。右側に見える時計台は、「横浜の名物」となった。「マチガイシヨ」の裏書。

41　横浜税関　明治６（1873）年、米人建築家ブリジェンスの設計で、横浜居留地の中央（本町１丁目）に完成した初代庁舎。外観は石造３階建ての本格的欧米建築。同15年の火災で神奈川県庁が焼失すると、県庁舎として利用された。「セイカン」の裏書。

42　横浜伊勢山からの風景　伊勢山から横浜駅を見下ろした風景。右端に見える洋風建築２棟が横浜駅舎。その手前に見える煙突は、「横浜瓦斯会社」のものと思われる。

43　横浜伊勢山下ガス会社　日本初のガス会社「横浜瓦斯会社」が開業。現横浜市立本町小学校の地。明治５（1872）年９月29日、日本初のガス灯が横浜に灯された。写真右の円筒状の施設はガスホルダー（ガス溜）、左の煙突の建物がガス製造所。

44　横浜・弁天橋　横浜駅と本町通りを繋ぐ橋として、明治4（1871）年に工部省鉄道寮が設置した木造三連アーチ橋。ガス灯が設置されているのが見える。

45　横浜・フランス公使館　仏人建築家クリペの監督のもと、慶応元（1865）年に完成。作風は、フランス植民地風で、正面のフランス風のデザインの門は輸入されたものとされている。「フランスカン」の裏書。

46　横須賀造船所　江戸幕府が創設した横須賀製鉄所を明治政府が引き継ぎ、明治4（1871）年に横須賀造船所と改称した。明治9～11年頃に鈴木真一が撮影したものとされている。右端の細長い建物は製鋼所で、その突端には時計台が見える。碇泊中の船は海軍省所属の蒼龍丸か。製鋼所の反対側に修船・造船台、奥に猿島が見える。

47　艦船進水式

48　軍艦扶桑　明治4(1871)年に来航した英国軍艦アイアンデューク号の設計士による軍艦を英国に発注。同8年に完成。3717トン、全長67m、定員250。「扶桑艦」の付箋。

49　京都御所　明治５（1872）年に行われた明治天皇の西国巡幸の際に撮影されたもので、３枚の連続写真のうちの１枚。正面に見える建物は小御所で、左上に見える大きな屋根の建物は紫宸殿。御所内部を撮影した最初とされている。

50　京都・円山　現在の円山公園付近（完成は明治19年）。江戸時代から「名所」として賑い、多くの料亭や茶屋が営まれていた。写真の中央奥に見える三階建ての建物は、明治６（1873）年に明石博高が創業した吉水温泉で、金閣を模している。

51　大阪天王寺　入口に「従是東公園地、大阪府」の柱があるのは、明治６（1873）年に公園地に選定されたため。台紙に「大坂」の朱印があり、「天王寺」と裏書。

52　住吉大社反り橋　慶長年間（1596 ～ 1615）の淀君の寄進と言われている。「太鼓橋」とも呼ばれる名所。「摂津住吉反橋」の裏書。

53　大阪・高麗橋　大阪城建築のころに建設された橋で、江戸時代の大阪に12あった公儀橋のうちの１つ。明治３（1870）年には、長崎の元オランダ通詞本木昌造が設計し、大阪最初の鉄橋として架け替えられた。

54　長崎湾口風景（高鉾島）　長崎港口を撮影したもの。もやでぼんやり写っている島は高鉾島。江戸時代には警備の要衝地として台場が設置されていた。

5　江川邸と伊豆韮山の人々

本章では、英武の帰国前後の江川邸と韮山《にらやま》の人々や風景の記録を収めた。

現在の江川邸と鎮守社がある裏山一帯は、戦国期の韮山城の一角に位置付けられ、周囲を堀で囲まれた江川曲輪《くるわ》と呼ばれていた。江戸期には幕府の伊豆韮山代官所となり、明治初年には韮山県庁、足《あし》柄《がら》県庁支庁、さらに田方《たがた》郡役所としても用いられた。

コレクションには、明治初年の江川邸と周辺地域を撮影した写真が含まれ、明治8（1875）年に開校した竜城小学校や、明治10年に開業した韮山製糸場、あるいは現在の韮山高校の前身である伊豆学校の写真なども含まれている。

江川英武は、明治12年に帰国し、当初は内務省に勤めたが、その後大蔵省へ転任し、何年もしないうちに辞職して2度と官途に就くことはなかった。同じころ、一度結婚して離縁し、元老院議官伊丹重賢の4女勢以と再婚している。その後は東京と韮山を往復しながら、英武は父英龍《ひでたつ》の顕彰に生涯をささげることになった。壮年期の英武が大砲のモデルに囲まれている写真は近年発見されたものである。

英武晩年の江川家を支えたのは、長女の夫となった山田《やまだ》三良《さぶろう》（1869-1965）であった。東京帝大で国際私法を講じた山田は、京城帝大総長や日本学士院長をつとめている。山田は英武をたすけ、英龍の顕彰や反射炉《はんしゃろ》の保存事業に力を注いだ。日露戦争後の軍事顕彰の気運も味方し、明治42年には当時の皇后が韮山の江川邸を訪れている。さらに山田の人脈を通じて、英武は同じ東京帝大の建築家辰野《たつの》金吾《きんご》と知り合い、英武の三女はその息子で仏文学者の辰野隆《ゆたか》に嫁いだ。長男英文は山田の指導も得て、帝大法学部教授となる。

興味深いのは、旧主たる徳川家との関係も途切れていないことであろう。徳川慶喜家や徳川宗家（家達《いえさと》）から、おそらく婚姻の祝儀に対する答礼であろうか、名前を書き込んだ記念写真が贈られている。英武は昭和8（1933）年に没するが、本章ではこの時代までの写真を選択して収めた。

江川邸（写真絵葉書、江川文庫所蔵）

1　江川邸と山木遠景　北西の方角から江川邸の裏門や主屋を見通している。画面左手に見えるのは山木の集落である。

2　江川邸裏門と韮山製糸場遠景　明治6（1873）年、殖産興業政策を進めるため、韮山に生産会社が設立された。生産会社の支援により韮山製糸場が造られた。江川邸裏門の西北、森田、岡田などの手代宅のさきにあった。

3　韮山製糸場　新政府の勧業政策の重要な柱が養蚕であり、足柄県でも生糸改会社が設立され、製糸場の開業準備が進んだ。韮山製糸場の開業式は、明治10（1877）年12月18日のことであった。

4　韮山製糸場と女工たち　工女は当初12名であった。左から３人目には惣代人である柏木忠俊がいる。

5　私立伊豆学校の集合写真　戦前の韮山中学校、現在の県立韮山高校である。明治6（1873）年、足柄県時代に江川邸に設けられた仮研究所が出発点となった。私立伊豆学校を称したのは明治21（1888）年から28年の間である。米国留学から戻った江川英武はここで英語教育に従事した。

6　富士山遠景

7　竜城学校と富士山の眺望　竜城学校（のち竜城尋常小学校）は当初金谷村の本立寺に開設され、明治８（1875）年に韮山大手180番地に新築移転された。現在の韮山高校体育館の付近とされる。付箋に「韮山中学校ヨリ小学校ヲ眺望ノ図」とある。

8　江川邸表門　明治32（1899）年４月29日撮影。裏書によると、撮影者は幸田露伴の実弟で歴史家の幸田成友である。門前の人物も幸田かもしれない。

（裏面）

9　江川邸表門遠景　三島の行方写真館製。

10　江川邸表門遠景　東京駿河町の三越写真室製。T.Shibataのロゴがある。

11　江川邸正面玄関　三島の行方写真館製。

12　江川邸土間の生柱　生きた欅《けやき》をそのまま使用したと伝えられたが、昭和の解体修理時に地下160cm下に礎石のある掘立柱であると判明。江戸初期以前の建物の柱を再利用したものと考えられている。三島の行方写真館製。

13　江川英龍墓石　日蓮宗本山（大成山）本立寺は、永正３（1506）年、江川家によって開かれた菩提寺である。歴代の江川家当主のほか、手代をつとめた譜代家臣の墓も多い。

14　本立寺墓所遠景　三越写真室製。

15　江川家墓所遠景　三越写真室製。

16　江川邸表門　明治42（1909）年４月13日、江川邸に皇后行啓があった際の撮影。この２か月ほど前、２月21日にはのちの昭和天皇と秩父宮の行啓があった。いずれも江川邸を見学するとともに、陸軍省による修繕が成った反射炉を訪れたのである。三島・行方写真館製。

17　旧韮山中学校から富士山を望む風景
三越写真室製。

18　江川邸表門　行方写真館製の同じ写真。皇后行啓の日のもの。英武（春緑）が裏書をして柏木家に贈ったもの。（柏木俊秀氏所蔵）

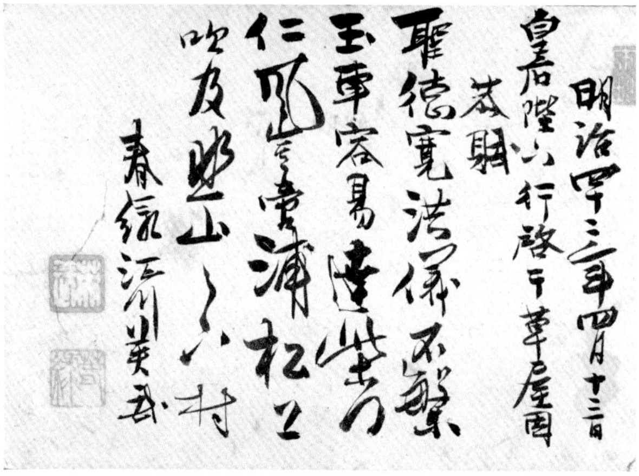

（裏面）

19　江川邸庭園　江川邸の庭池は、韮山城の外堀の一角を庭園風に仕上げたものと言われる。ここで採れる韮山竹は、花入れなどの素材として千利休をはじめ、多くの茶人に珍重された。昭和期のスナップ。

20　江川邸庭園　往時には、池いっぱいの蓮が碧色の雲に見えることから、碧雲の池と呼ばれた。

21　江川邸書院と庭園　大正２（1913）年１月５日、坪谷水哉撮影との裏書あり。

22　庭池と海軍軍人　海軍機関学校による反射炉見学の際の一コマ、江川邸の庭池であろうか。大正２（1913）年と考えられる。横須賀軍港の秋山写真館撮影。

23　江川邸井戸替え風景　昭和初期の井戸替えの様子。三島の行方写真館製。

24　江川邸から富士山を望む風景　明治41（1908）年１月７日、渋沢元治が贈呈したもの。渋沢元治（1876-1975）は栄一の甥で電気工学者。東京帝大教授、名古屋帝大総長をつとめた。

25　江川邸裏門より富士山を望む風景　三島の行方写真館製。

26　韮山城址と富士山の遠景　江川邸裏門と山木の集落、右手に富士山を遠望する。明治42（1909）年１月、三越写真室による「江川文庫写真アルバム」に貼付収録。

27　江川邸付近から富士山方向を望む遠景　三越写真室製。

28　本立寺・金谷方向から江川邸、山木を望む遠景　三越写真室製。

29　江川邸裏門方向から韮山城址を望む風景　三越写真室製。

30　韮山風景（旧韮山中学校付近）　三島の行方写真館製。

31　蛭が小島記念碑　源頼朝が配流になった蛭が小島に豆州志稿の著者秋山富南の撰文により、寛政２（1790）年、江川家家臣飯田忠晶が建てた記念碑。三島の行方写真館製。

32　韮山風景（城池より富士を望む）
江川邸の西方、韮山城の城池から富士山方向を見ている。三島の行方写真館製。

33　韮山風景　写真絵葉書。

34　沼津風景（沼津から富士山を望むか）
写真絵葉書。

35　**修善寺温泉遠景**　修善寺温泉の写真がコレクションに含まれている。伊豆鉄道が修善寺まで延伸するのは1924年のことである。

36　修善寺温泉

37　修善寺温泉

38　修善寺温泉

39　修善寺温泉　独鈷の湯。

40　**修善寺温泉**　修禅寺本堂。

41　**修禅寺本堂前の記念写真**　学生と引率の軍教員か。「修禅寺で講話」と裏書あり。

42　牛臥真景　沼津御用邸がある牛臥海岸・三島館は江川家がよく利用したようである。1888年開業の旅館三島館製「牛臥真景」の組み写真である。沼津鈴木写真館。

43　牛臥真景　沼津鈴木写真館。

44　牛臥真景　コレクションには三島館主人世古直道の写真もある。沼津鈴木写真館。

45　江川英武　ラファイエット大学時代、英武は口ひげをたくわえるようになる。木製ケース裏面には「江川鶴」と書かれ、さらに墨で抹消されている。帰国後結婚した妻鶴子に一旦与えたものなのかもしれない。この名刺写真は米国滞在中に撮影・作成されたが（フィラデルフィアのP.Elehillman写真館)、帰国後もこれを複写して利用している。46の丸木利陽撮影による名刺写真は同一の画像である。気に入った写真が複製利用されているのである。

（裏面）

46　江川英武　東京新シ橋の丸木利陽撮影（45を複写したもの)。

（裏面）

47　江川英武　明治12（1879）年、英武は帰国の途につき、10月３日横浜に到着した。帰国後、英武はもと高家旗本・日野資訓の娘鶴子と結婚するが、明治15年に離縁した。その同じころ、内務省から大蔵省へ勤めを変えている。ノットマン写真館製。

48　江川（伊丹）勢以　明治17（1884）年、英武は元老院議官伊丹重賢の娘勢以（1862-1938）と再婚した。洋装の写真は、東京九段坂の鈴木真一写真館製。

49　江川（伊丹）勢以

50　**江川英武**　米国から帰国後、壮年期の英武の写真は珍しい。

51　**江川英武**　東京九段坂の佐藤福待（華江）写真館製。

（裏面）

52　**江川英武**　明治33（1900）年11月６日、神田三崎町大川孝写真館製。翫古《がんこ》書斎主人は英武の号。ほかに、対岳亭、春緑、余霞楼（よかろう）、免毒斎（めんどくさい）などを用いた。

53　コレクションに囲まれる江川英武　江川英龍のコレクションに囲まれた英武。カノンと車台モデル、ハンドモルチール、韮山笠などが写り込んでいる。英武は半生を費やして父英龍の資料整理と顕彰に取り組んだ。

54　江川英武　晩年の英武。伊豆長岡温泉・三枝写真館製。「大正十年四月吉日賜之」（1921年）の裏書墨書あり。（柏木俊秀氏所蔵）

55　江川勢以　三越写真室製。

56　江川英武　玄関前の江川英武。息子英文の撮影か。ピンぼけである。

57　江川英武　江川邸土間の生柱と江川英武、明治41（1908）年1月7日、渋沢元治が贈呈したもの。

58　江川英武　書院庭先に立つ江川英武。左手に居室とした二階家がみえる。二階家はその後取り壊され、現存しない。

59　江川邸書院と江川英武　書院縁側に座る江川英武。

60　山田三良・(江川)繁子夫妻　英武の長女繁子（1885-1944）は、明治37（1904）年５月、帝大法学部教授山田三良（1869-1965）に嫁いだ。山田は繁子を通じて熱心な日蓮門徒となり、学内外の人脈を広げていったと言われる。佐藤福待写真館製。

61　山田三良　明治43（1910）年紀元節の撮影。三越写真室撮影。

62　山田三良　山田は国際私法の権威で、のちに京城帝大総長（1931-36）、貴族院議員（1943-47）、日本学士院長（1948-61）をつとめた。江川英武と江川家を支え、江川英龍の顕彰や反射炉の修復・保存に尽力した。明治39（1906）年１月30日撮影、九段坂・佐藤福待写真館製。

63　山田三良　昭和５（1930）年11月３日、帝大退官時の年の撮影。

64　山田三良　オリエンタル写真工業製。

65　江川英文　1898-1966。英武の長男。山田三良の指導も得て、帝大法学部教授として国際私法を講じた。牛込・橋本写真館製。

66　山田（江川）亀子　英武の次女亀子（1891年生）。弁護士山田隆昭に嫁いだ。明治40（1907）年８月９日撮影、九段坂上・長谷川武七写真館製。

（裏面）

67　辰野金吾　日本銀行本館（1896年）や東京駅（1914年）で知られる建築家辰野金吾（1854-1919）は、帝大工科大学教授時代に日蓮信仰を通じて山田三良と知り合い、江川家と交流があった。

68　辰野金吾と家族写真　金吾の右に長男隆、左が弟の保、前列に母秀子、弟健吉。長女はオリザニンの発見者鈴木梅太郎（金吾のもと書生）に嫁しており、左端はその娘久仁子か。

70　辰野隆・（江川）久子夫妻　英武の三女久子（1896年生）は辰野金吾の長男隆と結婚した。大正5（1916）年11月撮影、日比谷・大武丈夫写真館製。

69　辰野隆　1888-1964。仏文学者として知られ、東京帝大教授。晩年は軽妙洒脱な随筆で知られたが、若い時分の写真は珍しい。これはフランス留学（1921-23）後のものか。三越写真室のエンブレムが見える。

71　**ピアノ演奏の風景**　英武の娘たちが通う東京の女学校か。赤坂・木村写真館製。

72　**早稲田小学校での体操風景**　江川英文は当時早稲田小学校３年生。牛込・すみれ写真館製。

73　江川英武と生徒・教職員ら集合写真　韮山江川邸の書院であろうか。左端に、椅子に座った晩年の英武がみえ、庭先を生徒や教員が埋め尽くしている。

74　小学校の集合写真　裏書に明治41（1908）年７月28日撮影とあり。英武の四女泰子（1900年生）が写っている。泰子はのちに山岡慎一に嫁ぐ。

75　雛祭り　東京牛込邸のものか。牛込・橋本写真館製。

76　端午節句　東京牛込邸のものか。青山・対馬務写真館製。

77　江川英武と集合写真　江川邸正面玄関での記念写真。晩年の英武がみえる。

78　具足姿の人物　三島の行方写真館製。具足姿の人物は英武であろうか。

79　具　足　江川家伝来の具足。コレクションには所蔵する書画・工芸品を撮影したものも多い。なかにはその後の混乱のなかで失われたものもある。

80　徳川慶喜・慶久・実枝子　徳川慶喜と慶喜家を継いだ七男慶久（1884-1922）、その妻実枝子（1891-1933）である。間紙に名前書がプリントされている。実枝子は有栖川宮最後の王女で、明治41（1908）年11月に慶久と結婚した。その表敬へのお返しであろう。明治42年1月製と考えられる。徳川公爵家から表敬者に対して贈呈されたもの。表敬委員赤松範一（幕臣赤松則良の長男）の挨拶状が貼付されている。東京九段佐藤福待写真館。

81　徳川家達・泰子・家正・正子　徳川宗家第16代当主の徳川家達（1863-1940）と泰子（1867-1944）夫妻、家達の長男家正（1884-1963）と正子夫妻の記念写真。泰子は近衛忠房の娘、正子は島津忠義の娘である。間紙に自筆の名前書プリントがあり、外交官をつとめた家正と正子が結婚した明治42（1909）年のものか。撮影は小川一真。

82　徳川家達・泰子　徳川家達・泰子夫妻の記念写真。台紙脇に名前書がプリントされている。森川愛三写真館か。

83　河瀬真孝　明治17(1884)年から10年間にわたって駐英公使をつとめる。子爵に叙され、明治27年から枢密顧問官。大正８(1919)年に80歳で亡くなった。

84　中浜東一郎　1857-1937。中浜万次郎の長男。江川邸を訪れ、英武に贈ったもの。昭和６（1931）年６月の書き込み。新橋・江木写真館製。

85　江川邸表門正面での記念写真　大正２（1913）年１月５日、坪谷水哉撮影とある。

86　**男性三人記念写真**　河瀬真孝と、中央は後藤新平のようだ。伊豆長岡の三枝写真館が撮影し、温泉旅館大和館の玄関先である。伊豆長岡温泉・三枝写真館製。

87　**大鳥圭介**　大鳥圭介の最晩年のもの。芝新銭座の江川の調練場跡に立っている。明治42（1909）年か。三越写真室製。

（裏面）

88　**仁田大八郎**　1847-96。初名は小三郎。静岡県田方郡仁田村（後に函南村、現函南町）の素封家で、産馬会社を設立し伊豆の畜産業に寄与した。明治26（1893）年３月の裏書あり。新橋・丸木利陽写真館製。

89　山田三良が内外の海軍将校を案内する図　東京京橋・森川写真館製。

90　江川坦庵公遺墨展覧会入口　明治42（1909）年２月７日に三島神社境内の戦勝紀念館で開催された。156点の書画が展示された。１月16日に、坦庵没後55年の追慕会が開かれた際にも紀念遺物展覧会が開催されたが、場所が狭く遺墨が陳列できなかったため、別日の開催となった。三島・行方写真館製。

91　伊丹久子米寿祝賀集合写真　江川勢以の実家の母久子の米寿祝いに集まった人々。大正７（1918）年か。前列左から６人目が山岡（江川）泰子、３人おいて中央に伊丹久子、次が辰野（江川）久子、中段左から３人目が山田（江川）繁子、一人おいて山田（江川）亀子、江川勢以、後段２人目が山田隆昭、次に山田三良、江川英文である。

92　河瀬（江川）英子葬儀　江川英武の妹・河瀬英子は、明治44（1911）年７月８日、脳溢血で亡くなった。葬儀は７月11日、青山斎場で仏式で行われた。平河町の子爵邸から出棺し、青山斎場までの葬列の様子が記録されている。

93　河瀬（江川）英子葬儀

94　河瀬（江川）英子葬儀

95　河瀬（江川）英子葬儀

96　河瀬（江川）英子葬儀

97　河瀬（江川）英子葬儀

6　韮山反射炉

北伊豆地震により煙突上部が崩落した反射炉（写真絵葉書、江川文庫所蔵）
地震は1930（昭和5）年11月26日早朝に発生し、韮山近辺にも大きな被害を与えた。マグニチュードは7.3。

本章では韮山反射炉の写真画像を網羅してここに収めた。反射炉は炉内の天井や壁で熱を集中させて金属を熔解するものである。欧米ではパドル精錬による錬鉄生産に用いられたが、幕末の日本では鉄や銅を熔かして大砲を鋳造する目的で使用された。幕末の鉄砲方《てっぽうがた》兼代官江川英龍（1801-55）は、早くから洋書をもとに反射炉の研究にあたったが、築造が許されたのは1853年ペリー来航後のことであった。英龍は品川台《しながわだい》場《ば》の建設を命じられ、ここに設置する鉄製砲の鋳造に取り組んだのである。しかし反射炉の完成は息子の英《ひで》敏《とし》の時代、安政4（1857）年にずれ込んだ。

韮山反射炉は、同地の大砲製造工場の中心に位置し、連双 2基（4炉）、炉体部は石積み、煙突部（高さ15.6m）は煉瓦《れんが》積みで、白漆喰《しろしっくい》の外観を呈した。炉内は耐火煉瓦が用いられ、その製造技術は明治時代に引き継がれた。韮山反射炉が実際に鋳造した鉄製砲の数は多くはなかったが、最新の青銅製野戦ライフル砲の鋳造を行うなど、幕末の軍事技術史上、大きな役割を果たした。

維新後、反射炉は荒廃したが、明治12（1879）年韮山反射炉は「第3種官有地（古蹟風光保存地）」として保存されることになり、この前後から反射炉の記録写真も撮られるようになっている。明治41年、周辺の敷地が献納され、陸軍省の経費による保存修理が行われた。翌年1月16日、反射炉の修繕落成式が実施されている。大正11（1922）年3月8日には国史跡に指定され、戦後の文化財保護法でも国指定史跡「韮山反射炉」として引き継がれた。この間、昭和5(1930)年の北伊豆震災で北炉最上部が崩落し（のちに復元修復）、昭和32年には鉄骨トラスによる保存修理工事が行われて、ほぼ現状のような外観となった。この時代の反射炉が現存する例は世界的にも類例がなく、平成27（2015）年には「明治日本の産業革命遺産」の一つとしてユネスコ世界遺産に指定された。

反射炉の炉内（写真絵葉書、江川文庫所蔵）

1　**反射炉**　維新後しばらくして韮山反射炉は兵部省へ引き渡された。この写真は反射炉の様子を写した最も古いもの。鋳台の上に設置されたシャチ台（クレーン）がまだ残っており、右手前にタール炉のパイプ、左手に作業小屋がみえる。

（画像を加工したもの）

2　反射炉　萩出身の著述家横山健堂（1872-1943）は、明治30年頃に韮山反射炉を調査している。別のスケッチ画（健堂蔵）の写真には、明治15（1882）年撮影の裏書が残されている。

3　反射炉　修復前の反射炉、明治30年代か。漆喰がかなり剥げ落ち、煉瓦にも痛みが見える。煙突部分に植栽がはびこっているが、反射炉の外観自体に変化はない。

4　**反射炉**　修復前の反射炉、明治30年代か。三島行方写真館撮影。

5　反射炉　修復前の反射炉、明治30年代か。沼津鈴木写真館撮影。

6　反射炉　修復前の反射炉、明治30年代か。沼津鈴木写真館撮影。

7　反射炉　修復前の反射炉、明治30年代か。沼津鈴木写真館撮影。

8　反射炉　修復前の反射炉、明治30年代か。沼津鈴木写真館撮影。

9　**反射炉**　修復前の反射炉、明治33（1900）年８月撮影との書込みあり。

10　**反射炉**　修復中の反射炉、竹矢来で囲まれている。明治41（1908）年か。金属製のベルトを設置して煙突の下部を保護している。この段階でも外部の漆喰はだいぶ残っている。当初、修復工事は陸軍省の臨時修繕費による請負方式で行われたが、明治41年10月から陸軍省の直営工事として完成させた。

11　**反射炉**　修復中の反射炉、竹矢来で囲まれている。明治41（1908）年か。

12　反射炉　陸軍省による修復が完了した反射炉。周囲には日露戦争で分捕った小銃400挺が並べられた。明治42（1909）年１月、三越写真室。

13　反射炉　修復が完了した反射炉。落成式に集まった人々か。明治42（1909）年1月、三越写真室。

14　反射炉　修復が完了した反射炉。落成式は明治42（1909）年１月17日に行われた。三越写真室。

15　反射炉　反射炉落成式に集まった人々。明治42（1909）年１月17日、三越写真室。

16　**反射炉**　反射炉落成式。明治42（1909）年１月17日、三越写真室。

17　**反射炉**　反射炉落成式。明治42（1909）年1月17日、三島行方写真館。

18　反射炉　反射炉落成式。明治42（1909）年1月17日、三島行方写真館。

19　（人物部分拡大）

19　反射炉　反射炉落成式。反射炉前に並んだ人物は、左から山田三良、江川英武、陸軍大臣寺内正毅、もと陸軍軍医総監石黒忠悳、陸軍大臣秘書官渡辺岩之助らである。右から２人目は横山健堂か。さらに左隣は三上参次（1865-1939）。三上は東京帝大教授・史料編纂掛主任（現在の史料編纂所長）。明治42（1909）年1月17日、三越写真室。

20　北条駅へ陸相到着　明治42（1909）年１月17日、伊豆鉄道北条駅（現在の韮山駅）へ到着した陸軍大臣寺内正毅と出迎えの一行。寺内はビリケン頭で知られた。

21　反射炉落成式　反射炉前でのスナップ。左から山田三良、江川英武、寺内正毅、石黒忠悳らである。その手前に三上参次がいる。明治42（1909）年１月17日。

22　反射炉落成式　反射炉前でのスナップ。江川英武、石黒忠悳がみえる。明治42（1909）年1月17日。

23　反射炉前での記念写真　海軍機関学校による反射炉見学の際の記念写真、大正2（1913）年か。中央に置かれた29ドイムモルチールは、幕末に江川家で鋳造したもの、陸軍省から返還された。横須賀軍港の秋山写真館撮影。

24　80ポンドボムカノン（靖国神社）　江川家鋳造とされる幕末の青銅製80ポンドボムカノン（反射炉製ではなく、甑炉による鋳造だと思われる）。江川英龍はこれを江戸湾防備の主力砲と考えた。富国生命（旧遊就館）前、1950年頃か。

25　反射炉

26　**反射炉記念碑除幕式**　大正15（1926）年10月10日、反射炉前の記念碑が落成し、保存会会長・山田三良が祝辞を述べている。三島・大門堂写真館製（G.Hobo）。

7　江川邸

——解体修理前のすがた（1960年頃）

12世紀後半、宇野氏（のちに江川へ改姓）は伊豆韮山に居を構え、代々この地を支配してきた。江戸時代になると、江川家は幕府代官となり、ここに伊豆韮山代官所が置かれた。

江川邸は、昭和33（1958）年5月に主屋が「江川家住宅」として重要文化財（建造物）に指定された。主屋の広大な土間空間を含む北側は江戸時代初期の建築である。玄関は東面に付けられた。1960年から解体修理が行われ、文化14（1817）年に行われた大修理以前の古い形に復元されている。この際、主屋の茅葺《かやぶ》き屋根は現在のような銅板葺きに替えられており、本章では、解体修理前の茅葺き時代の江川邸の撮影記録を収録している。

その後、平成5（1993）年12月には表門や書院、仏間、蔵などが追加指定された。表門は元禄9（1696）年に建設され、文政6（1823）年に修復されている。江戸期には邸内北側に役所や手代たちの長屋が並んだが、手代長屋は明治5（1872）年に焼失し、役所建屋は明治20年に郡役所として三島へ移築されている。主屋東南に接続する書院は19世紀前半に増築された。書院の南には歴史のある中庭と池が広がる。その中庭の西側には主屋と渡り廊下で結ばれた仏間がある。これは幕末の建築である。1960年頃まで、主屋と仏間のあいだに二階家《にかいや》と称された建物が存在し、ここが江川家当主の生活空間だったようである。母屋の南側には当主の私的空間として、土蔵なども置かれたが、いずれもこの時期に取り壊されている。

江川家は鎌倉時代末期に、日蓮《にちれん》に直接に帰依《きえ》し、伊豆国の日蓮宗の中心として知られている。重要文化財に追加指定された東蔵は、明治18年頃に建築された土蔵、そのほか肥料蔵とよばれた幕末の土蔵や武器庫などがある。邸内西側の裏庭には、幕末期の西蔵、明治25年建築の南米蔵、大正8（1919）年の北米蔵などがある。表門や裏庭の武器庫をはじめとする諸蔵は平成12年に解体修理が行われており、収録した写真はその前の様子を記録していることになる。平成16年、敷地全体が「韮山役所跡」として国指定史跡となり、また平成25年、江川邸に置かれた江川文庫の史料群が、「韮山代官江川家関係資料」（3万8581点）として、古写真コレクションとともに重要文化財（歴史資料）に指定されている。

在りし日の二階家と仏間（写真絵葉書、江川文庫所蔵）

1　江川邸表門　邸内にはかつて役所の建物や手代屋敷（裏庭の西北、現在の韮山郷土史料館付近）が並んだが、明治初年の火事でこれらの多くは焼失した。平成16（2004）年、現在の江川邸の敷地は、「韮山役所跡」として国の史跡に指定されている。

2　江川邸表門　江川邸の表門は、元禄9（1696）年に設置された。現存のものは幕末の安政年間の建築で、平成12（2000）年に解体修理された薬医門である。平成5年に重要文化財（建造物）指定。

3　江川邸表門

4　江川邸表門

5　江川邸表門

6　江川邸表門

7　江川邸主屋玄関　江川邸主屋は、桁行25.4m、梁間18.8m、入母屋造の巨大な建築である。昭和33（1958）年に「江川家住宅」として重要文化財（建造物）に指定された。

8　江川邸主屋玄関　主屋の解体修理は昭和35～37（1960～62）年に実施され、基本的に文化14（1817）年の修理以前の状態に復元された。この際、玄関は改変時のままに据え置かれ、屋根が茅葺きから銅板吹きに直された。

9　江川邸主屋玄関

10　江川邸主屋玄関

11　江川邸中庭の池から主屋をみる　主屋の南側、庭池との間には、主屋に連なって歴代の代官らの私的居住空間があった。右手が書院、奥に主屋が見え、二階家と離れの仏間があった。書院は江戸後期（19世紀前期）の建設で、桁行12.9m、梁間7.3m、寄棟造で主屋の東側に接続している。平成５（1993）年に重要文化財（建造物）指定。

12　江川邸裏庭から主屋をみる

13　江川邸裏庭から主屋をみる　主屋の北側。主屋の左手に書院の一角が見える。手前の土地にはかつて役所の建物があったが、明治初年の火災によって焼失した。

14　江川邸裏庭から主屋をみる　左手に井戸が見える。

15　江川邸裏庭から主屋をみる

16　江川邸主屋の土間　主屋の土間を含む北側部分は江戸初期の建築で、南側にはそれ以前の建材が利用されているという。広い台所は酒造の名残である。

17　江川邸主屋の土間

18　江川邸主屋の土間（煮炊き場）

19　江川邸主屋の土間（天井の梁）　梁の最上部に棟札箱があり、日蓮直筆による1261年の防火符が置かれた。たびたびの火災から被害を免れたのはこの護符のおかげだと言われた。

20　江川邸主屋の土間（天井の梁）

21　江川邸主屋の炉端

22　江川邸主屋の炉端

23　江川邸主屋の炉端

24　江川邸離れの仏間内部（お会式）　離れの仏間の内部。江川家16代英親は、日蓮から日久の法号と御真筆の曼荼羅・祖師像を授かった。日蓮の忌日法要の日である11月12日にお会式が行われる。この１枚は三島・行方写真館製。

25　江川邸書院前の内塀　正面玄関の左手に内塀があり、書斎空間が区分けされた。

26　江川邸表塀　表門の北東側は、掘割との間に枡形と呼ばれる広場があり、ここで幕末には農兵調練などが行われた。

27　江川邸内塀　表門を入って右手の役所空間を分ける内塀。

28　江川邸表塀

29　江川邸主屋の南側の建物と二階家　南西の隅から東側を見る。江川家当主らが生活した二階家が正面に見え、右手には内庭の土蔵がある。いずれもその後取り壊されて現存しない。

30　江川邸離れの仏間　江戸末期（19世紀前半）に造られた仏間。桁行8.2m、梁間5.4mの寄棟造。茅葺き。平成5（1993）年に重要文化財（建造物）指定。

31　江川邸二階家　主屋の南側に接続し、歴代の代官英龍、英武らが生活した建物である。残念ながらその後取り壊されて現存しない。

32　江川邸離れの渡り廊下　二階家と仏間をつなぐ渡り廊下（西側から見たところ）。

33　江川邸裏庭の蔵　手前が西蔵、その向こうに南北の米蔵二棟が見える。西蔵は幕末期のもの。平成12（2000）年に解体修理を行った。邸内にはほかに、江戸末期（19世紀中期）の肥料蔵（桁行5.6m、梁間4.5m、二階建て、寄棟造、茅葺き）があり、平成５年に重要文化財（建造物）に指定されている。

34　江川邸南北米蔵　左手の南米蔵は明治25（1892）年建造、右手の北米蔵は大正８（1919）年建造。いずれも平成12（2000）年に解体修理を行った。

35　江川邸武器庫　裏庭の武器庫。江戸末期（19世紀中期）の建造物で、桁行5.4m、梁間3.7m、切妻造、桟瓦葺き。平成５（1993）年に重要文化財（建造物）指定。

36　江川邸裏庭の小屋　西蔵の裏手にあった道具小屋。現存せず。

37　江川邸大工小屋　裏庭中央に置かれた大工小屋。これも現存しない。

38　江川邸裏門と大工小屋　裏門から主屋方向を望む。裏門はもと茅葺きで、昭和62（1987）年に修理されている。扉は戦国時代以来のものと伝えられ、天正18（1590）年、豊臣秀吉の小田原攻めの際の韮山城攻防戦での弾痕や矢じりの跡が残されている。

39　江川邸東蔵　敷地の東端に位置する土蔵。明治18（1885）年頃の築造。桁行7.7m、梁間5.8mの二階建て、切妻造、桟瓦葺。平成5（1993）年に重要文化財（建造物）指定。

掲載写真目録

本書に掲載した写真史料343点の目録を以下に掲載する。目録は、静岡県教育委員会編『静岡県文化財調査報告書　第64集　江川文庫古文書史料調査報告書７
画像史料解析センター古写真研究プロジェクトがおこなった追加調査の結果を加えて作成した。

写真史料は章ごとに番号を付して配列され、重要文化財に指定されているものに○印を付した。項目として、１)名称(被写体)、２)技法等、３)サイズ、４)年
３)は①内寸(イメージサイズ)と②外寸(台紙サイズ)を基本に、必要に応じて③印画紙サイズなどを記録している。写真および台紙上に印刻(プリント)されたに６)７)の記載をもとに考察したものである。

重文指定	番号	１)名称(被写体)	２)技法等	３)サイズ(①イメージ内寸、②外寸等)	４)年代	５)撮影者(写真館)
１　幕末の肖像写真―ジョン万次郎の湿板写真						
○	1	江川英敏	アンブロタイプ	①6.8×5.5、②9.8×8.0(ケース)	万延元(1860)年頃	中浜万次郎
○	2	江川英敏	アンブロタイプ	①6.8×5.5、②9.6×8.4(ケース)	万延元(1860)年頃	中浜万次郎
○	3	江川英敏	アンブロタイプ	①6.8×5.4、②9.3×8.0(ケース)	万延元(1860)年頃	中浜万次郎
○	4	幕臣小沢太左衛門	アンブロタイプ	①7.6×6.1、②8.4×7.1	万延元(1860)年７月16日	中浜万次郎
—	5	柏木忠俊	アンブロタイプ	②8.3×9.6	万延元(1860)年頃	中浜万次郎
—	6	長沢与四郎	アンブロタイプ	②8.2×9.3	万延元(1860)年頃	中浜万次郎
○	7	肥田春安	アンブロタイプ	①5.5×4.5、②6.2×5.1	文久元(1861)年６月	中浜万次郎
○	8	雨宮中平(貞道)	アンブロタイプ	①5.5×4.4、②6.1×5.0	文久元(1861)年６月	中浜万次郎
—	9	松岡正平	ゼラチンシルバー	①10.7×7.5、②20.0×14.3(台紙)	1910年(複製)	三越写真室
—	10	原川徹平	ゼラチンシルバー	①9.5×7.6、②20.1×14.4(台紙)	1910年(複製)	三越写真室
○	11	江川英武	湿板写真ポジ	①12.3×9.0、②17.6×14.4(額)	元治元(1864)年中夏15日	
２　最後の代官英武と妹英子						
○	1	江川英武	鶏卵紙	①8.7×5.5、②10.6×6.2(台紙)	明治４(1871)年11月	下岡蓮杖
○	2	江川英武	鶏卵紙	①8.7×5.5、②10.6×6.2(台紙)	明治４(1871)年11月	下岡蓮杖
○	3	江川英武	鶏卵紙	①9.0×5.5、②10.6×6.3(台紙)	明治４(1871)年11月	
○	4	江川英武	鶏卵紙	①9.0×5.4、②10.6×6.3(台紙)	明治４(1871)年11月	
○	5	江川英武	鶏卵紙	①9.0×5.5、②10.6×6.3(台紙)	明治４(1871)年11月	
○	6	江川英子と高杉東一	湿板写真ポジ	①9.1×6.3、②11.6×9.0(木箱)	明治５(1872)年	東京九段・塚本鳳舎
○	7	江川英武・英子・卓	湿板写真ポジ	①10.4×7.6	明治12～15(1879～82)年頃	
—	8	木戸松子と英子	湿板写真ポジ	①9.9×7.3	明治５(1872)年	東京九段・塚本鳳舎
○	9	木戸孝允	鶏卵紙	①9.0×5.2、②10.1×6.2(台紙)		
○	10	木戸孝允	鶏卵紙	①9.8×5.8、②10.6×6.3	明治５(1872)年５月	
○	11	河瀬(江川)英子	鶏卵紙	①7.2×5.2、②10.5×6.3(台紙)	1873～77年頃	H. le Lieire
○	12	河瀬真孝	鶏卵紙	①7.0×4.8、②10.6×6.4(台紙)	1873～77年頃	Schemboche
—	13	河瀬(江川)英子	鶏卵紙	①13.8×8.9、②16.7×10.8(台紙)	1873～77年頃	L. Suscipii

一古写真・染織一』(2012年、静岡県教育委員会)および文化庁文化財部美術学芸課編『江川家関係写真目録』(2013年、文化庁)を参照し、東京大学史料編纂所付属

代、5)撮影者(写真館)、6)印刻(プリント)、7)書き込み・包紙の有無等、8)保管番号とした。
記載をすべて6)で翻刻した。また、7)には写真や台紙、包紙等に書き込みがある場合に、それらをすべて翻刻している。4)年代や5)撮影者(写真館)は基本的

6)印刻(プリント)等	7)書き込み・包紙の有無等	8)保管番号
		3-6
		3-7
		8-1
	包紙あり、(包紙墨書)「万延元年七月十六日，夕七ツ時写真シ奉ル事，小沢神様写真御尊像御一面，惠霜斎所持，江川太郎左衛門源英口敬奉所持，敬慎」	3-3
		柏木家コレクション(柏木俊秀氏所蔵)
		長沢家コレクション(伊豆の国市韮山郷土史料館寄託)
	包紙あり、(包紙墨書)「英敏所持之，文久元辛酉年六月製之，肥田春安為成，正像」。(封筒墨書)「ガラス板　肥田春安」	3-1
	包紙あり、(包紙墨書)「皓齋所持之，文久元辛酉年六月製之，貞道」　内寸はシール部を除いたもの	3-2
(表)「(越)T. SHIBATA Mitsukoshi Store SURUGACHO TOKYO.」		24-7-2
(表)「(越)T. SHIBATA Mitsukoshi Store SURUGACHO TOKYO.」		24-10-2
	(木製額裏面墨書)「源英武享年十二歳像于時元治元甲子中[夏]十五日写真之」	1-1
(台紙裏スタンプ印)「RENJIO YOKOHAMA　横濱　蓮杖斎」	包紙あり(4-7-1～4-7-20まで同梱包)、(包紙上書)「江川様御写真、弐拾枚入り、内一枚引、十九枚入り，改弐拾三枚、内三枚引、写真師下岡蓮杖」	4-7-7
(台紙裏スタンプ印)「RENJIO YOKOHAMA　横濱　蓮杖斎」	同上	4-7-1
台紙に金線枠。	包紙あり(4-1-1～4-1-5まで同梱包)、(包紙上書)「明治四辛未年十一月、於東京取タル写真、源英武」。	4-1-4
同上。	同上。	4-1-3
同上。	同上。	4-1-5
		3-9
	包紙あり	3-5
(木箱の蓋内側)「東京九段□□□□□写真塚本鳳舎」のシール	(木箱蓋に鉛筆書)「河瀬夫人」、(蓋内側墨書)「拾八才・三拾才」	木戸家写真資料(国立歴史民俗博物館所蔵)
	(裏)「木戸孝允公」。包紙あり、(包紙上書)「江川様行、三田より，平島サン」。	4-6-1
	(裏)「明治五・五月、木戸孝允」。(26-1～26-156)まで同一アルバム、アルバム寸(255mm×210mm×86mm)。	26-9
(表)「H. LE LIEURE, ROMA」、(裏)「H. LE LIEURE, FOTOGRAFO DI S.S.R. M, ROMA, Piazza di Spagna, Palazzo Mignanelli, No23, 24 & 25., accanto al monumento della Concezione, TORINO, via della Rocca 6 & 8., Si conseroano le negalios.」。台紙に赤線枠。	(裏)「御両叔母様、私かへり迄だいじにしまつて人ニハ遣わさず候やう願候、英」。包紙あり。	4-3 2
(表)「SCHEMBOCHE FOT., ROMA」、(裏)「SCHEMBOCHE, PHOTOGRAPHE, DE S.M. LE ROI D'ITALIE, ROME, 20, Via Gregoriana, 20, 38. Borgognissanti. 38, FLORENCE, 6. Place S. Charles. 6, TURIN」	(裏面墨書)「御両叔母様江，真孝」。包紙あり。	4-2-1
(表)「L. SUSCIPJ, ROMA」、(裏)「L. Suscpii Via Condolli 48 ROMA」。台紙に灰線枠。		22-48

重文指定	番号	1)名称(被写体)	2)技法等	3)サイズ(①イメージ内寸、②外寸等)	4)年代	5)撮影者(写真館)
—	14	河瀬(江川)英子	鶏卵紙	①13.6×10.6、②15.4×10.8(台紙)	1873～77年頃	Schemboche
○	15	河瀬(江川)英子	鶏卵紙	①14.1×10.1、②16.8×10.9(額)	1873～77年頃	Mayall
○	16	河瀬(江川)英子	鶏卵紙	①13.7×10.1、②19.9×14.2(額)	1873～77年頃	Schemboche
○	17	河瀬真孝	鶏卵紙	①13.7×10.1、②19.8×14.2(額)	1873～77年頃	Schemboche
○	18	河瀬真孝	鶏卵紙	①13.5×10.0、②15.9×10.8(台紙)	1873～77年頃	Schemboche
○	19	河瀬真孝	鶏卵紙	①9.5×6.0、②10.5×6.3		London School of Photography
○	20	西洋人乳母と乳児	鶏卵紙	①13.6×9.9、②16.5×10.7(台紙)	1873～77年頃	Schemboche
○	21	乳児	鶏卵紙	①13.6×9.8、②16.5×10.7(台紙)	1873～77年頃	Schemboche
○	22	江川多以か	鶏卵紙	①9.0×5.8、②10.3×6.2(台紙)	明治10(1877)年4月7日	江崎礼二
○	23	バチカン(聖ピエトロ教会)	鶏卵紙	①5.5×8.6、②6.1×10.5(台紙)	1873～77年頃	Fratelli Alinari
○	24	イタリア国王	鶏卵紙	①6.0×4.6、②10.6×6.1(台紙)	1873～77年頃	Fratelli Alinari
○	25	イタリア王太子	鶏卵紙	①5.8×4.4、②10.1×6.2(台紙)	1873～77年頃	
○	26	イタリア王太子后	鶏卵紙	①7.0×4.8、②10.1×6.3(台紙)	1873～77年頃	
3　英武の米国留学						
○	1	江川英武	鶏卵紙	①7.4×5.2、②10.4×6.3(台紙)	1873年5月31日	Frederics & Co.
○	2	江川英武	鶏卵紙	①7.6×5.0、②10.4×6.3(台紙)	1873年	Bogardus
○	3	大久保利通	鶏卵紙	①13.2×9.0、②16.7×10.8、③15.0×9.9	1872年	Watkins
○	4	岩倉具視	鶏卵紙	①8.8×5.5、②10.6×6.3		
○	5	日本人男性	鶏卵紙	①9.8×6.1、②10.5×6.2		C.M. Bell

6)印刻(プリント)等	7)書き込み・包紙の有無等	8)保管番号
(表)「SCHEMBOCHE FOT., ROMA」、(裏)「SCHEMBOCHE, PHOTOGRAPHE, DE S.M. LE ROI D'ITALIE, ROME, 20,Via Gregoriana, 20, FLORENCE, 38. Borgognissanti. 38, TURIN, 6. Place S. Charles. 6」。台紙に紫線枠。		22-47
(裏)「□E・MAYALL F.C.S., F.R.M.s., □ARE PHOTOGRAPHIC STUDIO, [ ] Street LONDON, □91 KINGS ROAD BRIGHTO□, Imperisbable Portraits in Carbon & Col□□r」	(裏)「Hide Kawase, 御叔母様　英」。額装。	7-1
(表)「Portrait, Album, SCHEMBOCHE PHOTOGRAPHE de S.M., 20. Via Gregoriana 20,ROME, 25 Place Chateau TURIN, 38 Rorgonissanti FLORENCE」	額装、(額裏墨書)「江川鶴」	5-1
(表)「Portrait, Album, SCHEMBOCHE PHOTOGRAPHE DE S.M., 20. Via Gregoriana 20, ROME, 25 PLACE CHATEAU TURIN, 38 RORGONISSANTI FLORENCE」	額装、(額裏墨書)「御叔母様」	6-1
(表)「Portrait, Album, SCHEMBOCHE PHOTOGRAPHE DE S.M., 20. Via Gregoriana 20, ROME, 25 PlACE CHATEAU TURIN, 38 RORGONISSANTI FLORENCE」、(裏)「SCHEMBOCHE PHOTOGRAPHE DE S.M. LE ROI D'ITALIE, ROME 20, Via Gregoriana, 20., FLORENCE 38.Borgognissanti 38, TURIN 25. Place Chateau 25, Si conseroano le negalios.」。台紙に赤線枠。	(裏)「Masataka Kawase」。包紙あり。	16-6-2
(表)「THE LONDON SCHOOL OF PHOTOGRAPHY 174. Regent Street」、(裏)「THE LONDON SCHOOL OF PHOTOGRAPHY 103, Newgate Street 174, Regent Street 52, Cheapside E.C. Myddelton Hall N Soho Bazaar」	(裏)「80139 80113 80113」。(26)アルバム入り、アルバム寸(255mm×210mm×86mm)。	26-26
(表)「Portrait, Album, SCHEMBOCHE PHOTOGRAPHE DE S.M., 20. Via Gregoriana 20, ROME, 6 PLACE S. CHARLES. TURIN, 38 BORGOGNISSANTI. FLORENCE」、(裏)「SCHEMBOCHE PHOTOGRAPHE DE S.M. LE ROI D'ITALIE, ROME 20, Via Gregoriana, 20., FLORENCE 38. Borgognissanti 38, TURIN 6 Place S. Charles 6」。台紙に紫線枠。	(裏)「右同断、御両叔母様へ、八か月写真」。包紙あり。	16-5-2
(表)「Portrait, Album, SCHEMBOCHE PHOTOGRAPHE DE S.M., 20. Via Gregoriana 20, ROME, 6 PLACE S. CHARLES. TURIN, 38 BORGOGNISSANTI FLORENCE」、(裏)「SCHEMBOCHE PHOTOGRAPHE DE S.M. LE ROI D'ITALIE, ROME 20, Via Gregoriana, 20., FLORENCE 38. Borgognissanti 38, TURIN 6 Place S. Charles 6」。台紙に紫線枠。	(裏)「右同断、御両叔母様へ、八か月」。包紙あり。	16-5-1
(表)台紙に赤枠あり、(裏)「東京, 浅艸奥山, 江嵜礼二, ESAKI, ASAKUSA-OKUYAMA, TOKIO」	(裏)「明治十年四月」。包紙あり、(包紙表)「東京, 浅草　奥山, 江嵜, ESAKI, ASAKUSA-OKUYAMA, TOKIO」、(同裏)「明治十年四月七日」。	4-5
(表)「FRATELLI ALINARI FIRENZE」 (裏)「FRATELLI ALINARI, FIRENZE, VIA NAZIONALE 8」	(裏面ペン書)「大寺ラ」。包紙あり。	4-2-4
(表)「FRATELLI ALINARI FIRENZE」 (裏)「FRATELLI ALINARI, FIRENZE, VIA NAZIONALE 8」	(裏面ペン書)「御父上様, 107/3, 国王様一」。包紙あり。	4-2-5
	(裏)墨書で「太子様」, ペン字で「皇太子様二」。包紙あり、(包紙上書)「江川様行、三田より, 平島サン」。	4-6-8
	(裏)墨書で「皇妃様」, ペン字で「皇妃様三」。包紙同上。	4-6-7
(台紙表)「C.O. FREDRICKS & CO., NEW YORK」 (裏)「ET FACTA EST LU×, C.D. FREDRICKS & CO, GALLERIES,, 587 Broadway,, AND, 1134 Broadway,, NEW YORK., C, D, FREDRICKS, H, O, NEIL.」	(裏面ペン書)「My Dearest Aunts; I present a picture to you with my kind respect. Your affectionately, H.T. Yegawa., D.H. Institute Highland Falls, Orange Con. New York. June 12th 1873., I had taken this picture on 31st May.」。包紙あり(4-1同梱包)、(包紙上書)「明治四辛未年十一月、於東京取タル写真、源英武」。	4-1-2
(台紙裏)「Bogardus Photographer, No.363 BROADWAY, cor. Franklin St., N.Y.」	(ペン書)「My Dear Aunt, 御叔母様, 江川英武, Compliment of H.T. Yegawa」。包紙同上。	4-1-1
(表)「Watkins' Yosemite Art Gallery, 22 & 26 Montg'y St. S.F.」	(裏)「大久保利通」、(26)同一アルバム入り。	26-1
	(26)アルバム入り。	26-4
(裏)「C.M. BELL, Photographia Artist, 459 Penna. Ave WASHINGTON, D.C.」	(26)アルバム入り。	26-11

重文指定	番号	1)名称(被写体)	2)技法等	3)サイズ(①イメージ内寸、②外寸等)	4)年代	5)撮影者(写真館)
○	6	児玉章吉か	鶏卵紙	①9.2×6.0、②10.2×6.4	1872年5月18日	Allen
○	7	本多　晋	鶏卵紙	①8.9×5.9、②10.3×6.2		Elliott & Fry
○	8	日本人男性	鶏卵紙	①9.3×5.7、②10.5×6.3		C.D. Fredericks
○	9	高橋新吉か	鶏卵紙か	①9.9×5.8、②10.5×6.3		Lovejoy's Studio
○	10	大久保利和	鶏卵紙か	①9.3×5.8、②10.6×6.4		Suppards
○	11	宇都宮三郎	鶏卵紙	①7.1×5.3、②10.6×6.4、③9.3×5.6		S.B. Revenaugh
○	12	橋本正人	鶏卵紙	①9.8×5.7、②10.6×6.3	1872年3月	
○	13	河北俊弼	鶏卵紙	①9.3×5.8、②10.3×6.3(台紙)		Elliott & Fry
○	14	松崎万長	鶏卵紙	①8.8×5.5、②10.1×6.3(台紙)	明治8年(1875)か	W. Fechner
○	15	森田留蔵(忠毅)	鶏卵紙	①8.9×5.9、②10.5×6.3(台紙)	1874年1月3日	Sarony
○	16	森田留蔵(忠毅)	鶏卵紙	①9.2×5.8、②10.5×6.3(台紙)		C.D. Fredricks
○	17	日本人男性(Y. Saisho)	鶏卵紙	①8.9×5.6、②10.6×6.3(台紙)		D. CLARK
○	18	日本人男性	鶏卵紙	①9.2×5.9、②10.6×6.3(台紙)		
○	19	矢野二郎	鶏卵紙	①12.1×9.4、②16.9×11.1、③14.6×10.0	1875年	Julius Ulke
○	20	矢野二郎	鶏卵紙	①8.5×5.1、②10.6×6.3、③10.0×6.0		C.M. Bell
○	21	大鳥圭介	鶏卵紙	①9.2×5.8、②10.3×6.3		Elliott & Fry
○	22	石黒太郎(T. Ishigro)	鶏卵紙	①9.6×5.6、②10.6×6.4		Bogardus
○	23	福井順	鶏卵紙	①9.6×5.8、②10.2×6.3	明治5年(1872)か	
○	24	田中貞吉	鶏卵紙	①9.5×5.8、②10.6×6.4	明治8(1875)年7月13日	Allen & Rowell
○	25	今立吐酔	鶏卵紙	①9.3×6.1、②10.6×6.4		G.Albert Bacon
○	26	小野寺正敬	鶏卵紙	①9.1×5.9、②10.3×6.2		Excelsior Allen
○	27	柏木忠俊	鶏卵紙	①9.2×5.9、②10.6×6.3	明治5(1872)年3月	内田九一
○	28	柏木忠俊か	鶏卵紙	①8.9×5.6、②10.5×6.3(台紙)		
○	29	肥田浜五郎(為良)	鶏卵紙	①9.2×6.0、②10.8×6.8		鈴木真一
○	30	肥田浜五郎(為良)	鶏卵紙	①9.2×5.9、②10.7×6.3		Gutenkunst
○	31	望月大象(雨宮中平か)	鶏卵紙	①9.3×5.9、②10.6×6.3		内田九一

6)印刻(プリント)等	7)書き込み・包紙の有無等	8)保管番号
(裏)「ALLEN 24 TEMPLE PLACE BOSTON」。台紙に茶線枠。	(裏)「Present to Mr. Yegawa with kindest regards. Truly yours, Giro Kodam. East Hampton mars. May 18, 1876」。(26)アルバム入り。	26-14
(表)「ELLIOTT & FRY 55, BAKER St. PORTMAN Sqe.」,(裏)「ELLIOTT & FRY 55 ,Baker Street PORTMAN SQUARE. W.」	(裏)「恭呈　江川君　於龍動府　本多晋」、「No.54861」。(26)アルバム入り。	26-15
(表)「C.D. FREDRICKS & Co. NEW-YORK」(裏)「C.D. FREDRICKS & Co. 587, Broadway NEW-YORK PARIS Pas 8e. du Havre 51 HABANA Calle de la Habana 108」。台紙に紫線枠。	(26)アルバム入り。	26-18
(裏)「Lovejoy's Studio of Fine Photography, 500 South second Street, PHILADELPHIA, PA.」	(26)アルバム入り。	26-20
(裏)「SUPPARDS' FENNEMORE No 820 Arch Street, PHILADELPHIA.」	他、「Mr. H.T. Yegawa, His friend affectionate.　江川様　おゑびふぢわらのとしなか　Toshinaka Okubo」。(26)アルバム入り。	26-19
(表)「S.B. Revenaugh. AnnArbor」(裏)「SAM. B. REVENAUGH Photographer. 28 HURON ST. ANN ARBOR, MICH, Duplicates furnished at any time.」。台紙に金線枠。	(26)アルバム入り。	26-22
	(裏)「二千五百三十三年　第三月　呈江川兄　橋本正人」。(26)アルバム入り。	26-23
(表)「ELLIOTT & FRY, 55, BAKER ST W」(裏)「ELLIOTT & FRY,, 55, BAKER STREET,, PORTMAN SQUARE, No.57574(数字は手書き)」	(裏)「河北俊弼」。包紙あり、(包紙墨書)「河北氏」。	4-6-3
(表)「W. Fechner. Berlin」(裏)「Photogr. u. Malrr Artirr von WILH: FECHNER, BERLIN, 21. Krausen-Strasse 21, a.d. Markgrafen-Str.」。台紙に金線枠。	(裏)「御伯母様」。包紙あり、(包紙墨書)「毎度御深切ニ仰被下候ニ付、此写真御めに掛ケ候、御かへしニ及不申候、延丸写真嘸々御わらい草と存候、当年ニ而十七歳ニ成候、明治八年乙亥三月廿九日達」、(中包紙)「御紙面之趣承知仕候、何レ昼後出頭之節尚拝承仕度候、匆々頓首、廿八日」。	12-1
(裏)「Sarony's CARTE DE VISITE 680 BROADWAY.N.Y」	(裏)「一千八百七十四年　第一月三日写ス」。(14)包紙同梱。	14-1
(表)「C.D. FREDRICKS & CO. NEW YORK」(裏)「ET FAC TA EST LU×, C.D. FREDRICKS & CO GALLERIES, □87 Broadway, AND 1134 Broadway. NEW YORK., C.D. FREDRICKS H.O. NEIL.」	(14)包紙同梱。	14-2
(裏)「D. CLARK, Photographer, 4 King Block, NEW BRUNSWICK, N.J.」	(裏)「Mr, Yegawa, Yours truly, Y. Saisho」	16-9-1
(表)台紙に金線枠。	包紙あり、(包紙上書)「江川様行、三田より，平島サン」。	4-6-10
(表)「JULIUS ULKE, WASH., D.C.」、(裏)「JULIUS ULKE Nos 1109 & 1111 Pennsylvania Avenue, WASHINGTON. D.C. 1875.」。台紙に金線枠。	(表)「Yours truly, G. Yano」。(26)アルバム入り。	26-2
(裏)「C.M. BELL, Photographia Artist, 459 Penna. Ave WASHINGTON, D.C.」	(26)アルバム入り。	26-12
(表)「ELLIOTT & FRY, 66 BAKER ST. W.」、(裏)「ELLIOTT & FRY, 55, BAKER STREET, PORTMAN SQUARE, No 54860(数字手書き)」	(裏)「No.54860」。(26)アルバム入り。	26-10
(裏)「BOGARDUS Photographir and Portrait GALLERIES, Broadway 872 cor. 18th St. NEW YORK」	(裏)「To Mr. Yegawa, H.T. from your friend, T. Ishigro. Japan」。(26)アルバム入り。	26-6
	(裏)「壬申夏日於話聖東府請、英武江川公交之以誌同行之恵、辱知福井順再拝」。(26)アルバム入り。	26-25
(裏)「ALLEN & ROWELL WINTER 25 STREET BOSTON Portrait Photographers. EDW. L. ALLEN. FRANK ROWELL.」	(裏)「贈江川賢兄　玉机下、明治八年七月十三日田中貞吉」。(26)アルバム入り。	26-27
(裏)「40 N. EIGHTHST. Philad'a. G. Albert Bacon.」、鶏卵紙の剥がれあり	(裏)「進呈　江川英武学友　石川県越前国今立吐酔再拝」。(26)アルバム入り。	26-75
(裏)「E×CELSIOR. ALLEN 24 TEMPLE PLACE, BOSTON.」。台紙に茶線枠。	(裏)「Mr. T. Yegawa. with complement of M.F. Onodera.」。(26)アルバム入り。	26-107
(裏)「東京浅草横濱馬車道内田　Uchida YOKOHAMA AND TOKEIO」	(26)アルバム入り。	26-106
(表)台紙に青線枠。	内田九一の複写か。	16-9-5
(裏)「鈴木真・横濱真砂町　東京九段坂　S. Suzuki Photographer Kudanzaka Tokio and Masagocho Yokohama JAPAN.」		26-112
(裏)「GUTEKUNST 712 ARCH ST PHILAD A PHOTOGRAPHER」	(裏)「肥田為良 T. Hida」。(26)アルバム入り。	26-13
(裏)「東京浅草　横濱馬車道　内田　Uchida YOKOHAMA AND TOKEIO」		49-3

重文指定	番号	1)名称(被写体)	2)技法等	3)サイズ(①イメージ内寸、②外寸等)	4)年代	5)撮影者(写真館)
○	32	ピークスキル兵学校での調練風景	鶏卵紙	①23.4×34.8、②39.8×48.4(額)	1872～75年頃	G.W. Pach
○	33	風景(建物)	鶏卵紙	①5.5×9.2、②6.2×10.0(台紙)		Geo. Pierron
○	34	ピークスキル兵学校での集合写真	鶏卵紙	①18.1×22.3、②27.9×35.5、③19.4×23.4	1872～75年頃	G.W. Pach
—	35	ピークスキル兵学校での集合写真	鶏卵紙	①18.1×22.3、②27.9×35.5、③19.4×23.4	1872～75年頃	G.W. Pach
○	36	ピークスキル兵学校の校舎と前庭(ステレオ写真)	鶏卵紙	①7.6×15.2、②8.7×17.7(台紙)		
○	37	ピークスキル兵学校での調練風景(ステレオ写真)	鶏卵紙	①7.6×15.6、②8.7×17.7(台紙)		
○	38	ピークスキル兵学校での調練風景(ステレオ写真)	鶏卵紙	①7.6×15.6、②8.7×17.7(台紙)		
○	39	ピークスキル兵学校での集合写真(ステレオ写真)	鶏卵紙	①7.6×15.6、②8.7×17.7(台紙)	1872～75年頃	
○	40	江川英武	鶏卵紙	①14.6×10.2、②16.4×10.8	1872～75年頃	W. Kurtz
○	41	江川英武	鶏卵紙	①7.5×5.1、②10.5×6.3、③9.9×5.7	1872～75年頃	Beale
○	42	街並みの風景	鶏卵紙	①10.3×14.4、②10.8×16.5(台紙)		
○	43	イーストン市南部から市街とラファイエット大学を望む	鶏卵紙	①19.3×23.5、②35.7×43.3		
○	44	西洋建築	鶏卵紙	①9.8×6.0、②10.5×6.3(台紙)		John Neff
○	45	人物銅像(イーストン市内か)	鶏卵紙	①14.2×10.5、②16.5×10.8(台紙)		Notman & Campbell
○	46	ラファイエット大学パルディ・ホール(Pardee Hall)	鶏卵紙	①10.5×14.2、②10.8×16.5(台紙)		Notman & Campbell
○	47	ラファイエット大学グリーン天文台(Green observatory)	鶏卵紙	①10.2×14.1、②10.8×16.5(台紙)		
○	48	ラファイエット大学ジェンクス・ホール(Jenks Hall)	鶏卵紙	①10.2×14.3、②10.8×16.5(台紙)		
○	49	ラファイエット大学寄宿舎(Blair, Newkirk, Mckeen, Martien and Powel Halls)	鶏卵紙	①10.2×14.2、②10.8×16.4(台紙)		
○	50	ラファイエット大学ウエスト・カレッジ(West College)	鶏卵紙	①10.4×14.5、②10.8×16.5(台紙)		
○	51	ラファイエット大学サウス・カレッジ(South College)	鶏卵紙	①19.1×23.7、②35.7×43.2	1878年か	
○	52	ラファイエット大学サウス・カレッジ(South College)	鶏卵紙	①10.6×14.2、②10.8×16.5(台紙)		Notman & Campbell
○	53	ラファイエット大学サウス・カレッジ(South College)	鶏卵紙	①10.5×14.2、②11.4×17.7(台紙)		Notman & Campbell
○	54	ラファイエット大学での集合写真	鶏卵紙	①19.4×23.7、②35.5×43.3	1875～79年頃	
○	55	ラファイエット大学での集合写真	鶏卵紙	①19.7×23.3、②35.7×43.3	1875～79年頃	
○	56	土木工学専攻の記念写真	鶏卵紙	①22.1×18.7、②35.5×27.6	1875～79年頃	
○	57	アクセサリー(会員バッジ)	鶏卵紙	①8.1×5.2、②10.3×6.3(台紙)		NOTMAN & CAMPBELL
○	58	江川英武	フェロタイプ(ティンタイプ)	①4.5×3.2 (支持体：5.4×4.2)、②10.0×6.0(台紙)	明治5年(1872)か	Perkins
○	59	江川英武	フェロタイプ(ティンタイプ)	①4.5×3.3、②5.0×3.6(8角形)	1872～75年頃	Perkins
○	60	江川英武	フェロタイプ(ティンタイプ)	①9.8×5.9	明治5年(1872)か	

6)印刻(プリント)等	7)書き込み・包紙の有無等	8)保管番号
(表)「G.W. PACH 358 Broadway. N.Y. PHOTOGRAPHER」		11-1
(裏)「GEO. PIERRON, Photographer.」。台紙に紫線枠。	包紙あり。	16-8-9
(表)「G.W. PACH, Photo., 858 B'way, N.Y., and Long Branch, N.J.」		65-1
(表)「G.W. PACH, Photo., 858 B'way, N.Y., and Long Branch, N.J.」		65-2
	(16-4)包紙同梱。	16-4-1
	(16-4)包紙同梱。	16-4-11
	(16-4)包紙同梱。	16-4-6
	(16-4)包紙同梱。	16-4-9
(表)「W. KURTZ MADISON SQUARE」、(裏)「W. KURTZ 8 FIRST-CLASS MEDALL NEW YORK MADISON SQUARE」。台紙に茶線枠。	(26)アルバム入り。	26-48
(裏)「BEALE, Centre Street, Peekskill, N.Y.」	(26)アルバム入り。	26-56
	(裏)鉛筆で「40」。(15)包紙同梱。	15-3
		64-7
(裏)「JOHN NEFF, Photographer, N.E. Cor. Main & Third Streets, DAYTON, O.」	(15)包紙同梱。	15-1
(表)「NOTMAN & CAMPBELL_BOSTON」 (裏)「W. NOTMAN., NOTMAN & CAMPBELL 4 Park Street, BOSTON BRANCHES AT Cambridge Mass, New Haven Conn, Easton Pa.」	(15)包紙同梱。	15-4
(表)「NOTMAN & CAMPBELL_BOSTON」, (裏)「W. NOTMAN., NOTMAN & CAMPBELL 4 Park Street, BOSTON BRANCHES AT Cambridge Mass, New Haven Conn, Easton Pa.」	(15)包紙同梱。	15-6
	(裏)鉛筆で「40」。(15)包紙同梱。	15-5
	(裏)鉛筆で「40」。(15)包紙同梱。	15-7
	(裏)鉛筆で「40」。(15)包紙同梱。	15-8
	(裏)鉛筆で「40」。(15)包紙同梱。	15-15
		64-6
(表)「NOTMAN & CAMPBELL_BOSTON」、(裏)「W. NOTMAN., NOTMAN & CAMPBELL 4 Park Street, BOSTON BRANCHES AT Cambridge Mass, New Haven Conn, Easton Pa.」	(15)包紙同梱。	15-10
(表)「NOTMAN & CAMPBELL_BOSTON」, (裏)「W. NOTMAN., NOTMAN & CAMPBELL 4 Park Street, BOSTON BRANCHES AT Cambridge Mass, New Haven Conn, Easton Pa.」	(15)包紙同梱。	15-14
		64-4
		64-5
		64-1
(表)「NOTMAN & CAMPBELL_BOSTON」、(裏)「W. NOTMAN., NOTMAN & CAMPBELL 4 Park Street, BOSTON. BRANCHES AT Cambridge Mass; New Haven Conn; Easton Pa.」	(封筒上書き)「NOTMAN & CAMPBELL Photographers BOSTON., PAID,BOOK POST; PRINTED MATTER ONLY., BRANCHES at NEW HAVEN, Conn. &. EASTON, Pa.」	16-12-8
(台紙裏印字)「PERKINS' FERROTYPES., Center Street, Peekskill, N.Y.」。台紙に金色飾り窓。	包紙あり、(包紙墨書)「明治五年歳次壬申, 四月朔口到来, 写真」。手彩色。	3-4-2
(表)彩色跡あり (裏)「PERKINS' FERROTYPES., Center Street, Peekskill, N.Y.」。台紙に金色飾り窓。	包紙あり。手彩色。	13-1
	包紙同梱、(包紙墨書)「明治五年歳次壬申, 四月朔日到来, 写真」。手彩色。	3-4-4

重文指定	番号	1)名称(被写体)	2)技法等	3)サイズ(①イメージ内寸、②外寸等)	4)年代	5)撮影者(写真館)
○	61	江川英武	フェロタイプ(ティンタイプ)	①5.1×3.5	1872~75年頃	
○	62	西洋人男性	フェロタイプ(ティンタイプ)	①5.0×3.8	1872~75年頃	
○	63	相馬永胤	フェロタイプ(ティンタイプ)	①9.8×5.9	1872~75年頃	
○	64	西洋人男性	フェロタイプ(ティンタイプ)	①9.9×6.4	1872~75年頃	
○	65	西洋人男性	フェロタイプ(ティンタイプ)	①9.1×5.4	1872~75年頃	
○	66	西洋人男性	フェロタイプ(ティンタイプ)	①3.9×3.0、②9.8×6.0、③4.9×3.4	1872~75年頃	Perkins
○	67	ピークスキル兵学校長(Charles Jefferson Wright)	フェロタイプ(ティンタイプ)	①8.4×6.1	1872~75年頃	
○	68	西洋人男性	フェロタイプ(ティンタイプ)	①4.1×2.8、②9.8×6.0、③5.1×4.2	1872~75年頃	A. Thomson
○	69	西洋人男性	フェロタイプ(ティンタイプ)	①2.0×1.5、②10.0×6.1、③2.5×2.0	1872~75年頃	Nichols
○	70	西洋人女性(Mrs. C.J. Wright)	鶏卵紙	①14.0×9.3、②16.2×10.7(台紙)	1872~75年頃	SARONY
○	71	西洋人男性(H. Greeting)	鶏卵紙	①14.6×9.3、②16.6×10.8(台紙)	1872~75年頃	BOGARDUS
○	72	西洋人女性	鶏卵紙	①7.1×4.9、②10.6×6.3、③9.5×5.6	1872~75年頃	Prarsall
○	73	西洋人男性	鶏卵紙	①15.0×10.0、②16.6×10.8	1872~75年頃	A. Bogardus
○	74	西洋人男性	鶏卵紙	①9.2×5.7、②9.8×6.3	1872~75年頃	Sherwood
○	75	西洋人男性	鶏卵紙	①9.3×5.4、②10.5×6.3	1872~75年頃	Kelley
○	76	西洋人男性(J.N. Lieden)	鶏卵紙	①11.6×9.1、②16.4×10.8(台紙)	1875年12月24日	Sarony
○	77	もとロナルド・ハイランド専門学校長(Robert Donald)	鶏卵紙	①9.2×5.7、②10.6×6.3	1874年3月17日	Sherwood
○	78	もとロナルド・ハイランド専門学校長(Robert Donald)	鶏卵紙	①15.0×10.0、②16.4×10.7(台紙)	1872~75年頃	A.M. Beale
○	79	西洋人男性(Bard Wells)	鶏卵紙	①9.8×5.8、②10.7×6.4	1877年7月9日	George M. Bretz
○	80	西洋人男性	鶏卵紙	①7.0×4.9、②10.1×6.3、③9.4×5.6	1875~79年頃	Hamilton
○	81	ラファイエット大学学長(William C. Cattell)	鶏卵紙	①11.6×9.2、②16.9×10.9(台紙)	1875~79年頃	R. Knecht
○	82	西洋人男性(A.L. Baker)	鶏卵紙	①11.2×8.5、②16.6×10.8(台紙)	1878年11月23日	W. NOTMAN
○	83	西洋人男性(Abr. R. Speel)	鶏卵紙	①11.1×8.7、②16.6×10.8(台紙)	1875~79年頃	W. NOTMAN
○	84	西洋人男性(Selden J. Coffin)	鶏卵紙	①8.9×5.9、②10.3×6.2	1877年4月8日	W. Notman

6）印刻（プリント）等	7）書き込み・包紙の有無等	8）保管番号
	(3-8)包紙同梱。手彩色。	3-8-2
	(3-8)包紙同梱。手彩色。	3-8-4
	(3-8)包紙同梱。手彩色。	3-8-5
	(3-8)包紙同梱。手彩色。	3-8-6
	(3-8)包紙同梱。手彩色。	3-8-1
(裏)「PERKINS' FEROTYPES. Center Street. Peekskill. N.Y.」	(26)アルバム入り。手彩色。	26-62
	(26)アルバム入り。手彩色。	26-69
(裏)「A. THOMSON, PHOTOGRAPHER, No. 243 Grand Street, NEW YORK., Photographer of every description from the smalles up to life size, in oil or water colors, at moderate prices. N.B._ Particular attention paid to copying and enlarging small pictures to any size, and in the neatest style.」	(26)アルバム入り。手彩色。	26-65
(裏)「3 doz. 'GEMS' Like this FOR 25 CENTS. NICHOLS, 735 Broadway, 383 6th Avenue New York」。台紙に金色飾り窓。	(26)アルバム入り。	26-66
(裏)「Sarony's "ELITE" CARD 680. BROADWAY. N.Y, ENTERED ACCORDING TO ACT OF CONGRESS IN THE YEAR 1871 BY N. SARONY IN THE OFFICE OF THE LIBRARIAN OF CONGRESS AT WASHINGTON 」	(裏)「Yd. Yegawa my dear brother, From his American sister, Mrs. C.J. Wright.」	16-3-6
(裏)「BOGARDUS' "SOUVENIR" CARD, 872 BROADWAY, cor. 18th St. New York.」	(裏)「H. Greeting」	16-3-41
(裏)「Prarsall ARTIST 298 FULTON ST. BETWEEN CLINTON & PIERREPONT STS. BROOKLYN」	(裏)「Compliments of Miss [ ]To Mr. Yegawa」。(26)アルバム入り。	26-68
(表)「A. Bogardus. 872 Broadway, cor. 18th St. N.Y.」,(裏)「BOGARDUS' "SOUVENIR" CARD, 872 BROADWAY, cor. 18th St. New York.」	(26)アルバム入り。	26-155
(裏)「SHERWOOD, ARTIST, Nos. 112 and 114 Main Street, PEEKSKILL, N.Y.」	(26)アルバム入り。	26-58
(表)「KELLEY, 832 B'DWAY.」,(裏)「Kelley. Portraits and Porcelain Miniatures 832 BROADWAY, N.Y. BETWEEN 12TH & 13TH STS」	(26)アルバム入り。	26-109
(裏)「Sarony's IMPERIAL PORTRAITS 680, BROADWAY N.Y.」	(裏)「J.N. Liedeu M.D., Peekskill N.Y. Dec. 24-75」	16-3-30
(裏)「SHERWOOD, ARTIST, Nos. 112 and 114 Main Street, PEEKSKILL, N.Y.」	(裏)「To H.T. Yegawa with the best regards of his teacher & friens. Robt Donald. P. Ma. 17/3/74」。(26)アルバム入り。	26-52
(裏)「A.M. Beale Centre Street, PEESKILL,N.Y.」	(裏)「To H.T. Yegawa with the regards of your teacher & friend. Robt. Donald」	16-3-35
(裏)「George. M. Bretz S.E. COR CENTER & MARKET STS. POTTSVILLE, PENNA.」	(表)「Bard Wells」、(裏)「Bard Wells, Pottsvill Penna. July 9, 77. Don't forget the Picnic」	26-100
(裏)「Hamilton, Centre St., Peekskill, NY.」	(裏)「A mon sincere Ami Yegawa, [ ]」。(26)アルバム入り。	26-53
(表)「Cabinet Portrait R. Knecht, photo Easton.Pa」		16-3-9
(表)「NOTMAN & CAMPBELL_BOSTON」 (裏)「W, NOTMAN, NOTMAN & CAMPBELL 4 Park Street, BOSTON BRANCHES AT Cambridge Mass, New Haven Conn, Easton Pa.」	(裏)「A.L. Baker. Lafayette College, Nov. 13d. 1878.」	16-3-40
(表)「NOTMAN & CAMPBELL_BOSTON」 (裏)「W, NOTMAN, NOTMAN & CAMPBELL 4 Park Street, BOSTON BRANCHES AT Cambridge Mass, New Haven Conn, Easton Pa.」	(裏)「With my best wishes for Penna A, and for the Fraternity at large. I remaine your brother in the bond of the $\phi \Delta \theta$. Abr. R. Speel. 114 Maryland ave. N.E. Washington D.C. Fratcrning.」	16-3-46
(表)「WILLIAM NOTMAN PHOTO」、(裏)「W. NOTMAN PHOTOGRAPHER TO HER MAJESTY LONDON 1862 PARIS 1867 MONTREAL Branches at Toronto and Halifax」	(裏)「Selden J. Coffin, Lafayette College, Easton Penna. April 8. 1877.」。(26)アルバム入り。	26-83

重文指定	番号	1)名称(被写体)	2)技法等	3)サイズ(①イメージ内寸、②外寸等)	4)年代	5)撮影者(写真館)
○	85	西洋人男性(Charles W. Bixby)	鶏卵紙	①9.2×6.0、②10.3×6.2	1877年11月16日	Notman & Campbell
○	86	西洋人男性(A.C.M. Tanley)	鶏卵紙	①9.2×6.0、②10.3×6.2	1875～79年頃	Notman & Campbell
○	87	西洋人男性(J.S. Hunter)	鶏卵紙	①9.2×6.0、②10.3×6.2	1875～79年頃	Notman & Campbell
○	88	サミュエル・モールス(Samuel Finley Breese Morse)	鶏卵紙	①13.3×9.2、②16.5×10.9、③15.0×10.3		Sarony
○	89	エイブラハム・リンカーン(Abraham Lincoln)	鶏卵紙	①11.8×9.0、②16.5×10.8、③15.2×10.1		
○	90	ホレス・グリーリー(Horace Greeley)	鶏卵紙	①7.0×5.3、②10.5×6.3、③8.6×5.7		
4　明治初年の人物と風景						
○	1	日光東照宮神庫	鶏卵紙	①20.6×26.6、②23.7×29.8	明治5(1872)年	内田九一
○	2	惇信院霊廟奥院中門	鶏卵紙	①20.8×26.6、②24.0×29.8	明治5(1872)年	内田九一
○	3	有章院霊廟唐門	鶏卵紙	①20.8×26.7、②23.8×29.6	明治5(1872)年	内田九一
○	4	芝増上寺徳川家霊廟	鶏卵紙	①20.8×26.7、②23.8×29.7	明治5(1872)年	内田九一
○	5	京都 下鴨神社	鶏卵紙	①20.8×26.5、②23.8×29.7	明治5(1872)年	内田九一
○	6	大阪 西本願寺・玄関	鶏卵紙	①20.8×26.7、②23.8×28.3	明治5(1872)年	内田九一
○	7	築地 海軍兵学寮集合写真	鶏卵紙	①20.6×26.6、②23.1×27.6	明治6(1873)年1月24日	内田九一
○	8	横浜居留地の遠景	鶏卵紙	①20.9×26.6、②23.9×28.2	明治5(1872)年	内田九一
○	9	鹿児島磯の工場群	鶏卵紙	①20.6×26.5、②23.0×28.0	明治5(1872)年	内田九一
○	10	明治天皇・皇后・皇太后	鶏卵紙	①7.0×10.5、②8.1×12.7(台紙)		
○	11	明治天皇	鶏卵紙	①16.0×10.6、②22.8×14.8(台紙)	明治6(1873)年10月8日	内田九一
○	12	美子皇后	鶏卵紙	①16.1×10.5、②22.9×14.9(台紙)	明治6(1873)年10月14日	内田九一
○	13	英照皇太后	鶏卵紙	①16.1×10.5、②22.9×14.5(台紙)		内田九一
○	14	三条実美	鶏卵紙	①9.0×6.1、②10.3×6.3		東京印刷局
○	15	榎本武揚	鶏卵紙	①8.5×5.4、②9.8×6.0		
○	16	徳川慶喜	鶏卵紙	①9.3×5.9、②10.8×6.4	慶応3(1867)年3月28日か29日	
○	17	伊藤博文	鶏卵紙	①12.4×8.7、②16.2×10.9(台紙)	明治12(1879)年	東京印刷局
○	18	伊藤博文	鶏卵紙	①8.5×5.2、②9.9×6.0		
○	19	閑院宮載仁親王	鶏卵紙	①8.5×5.3、②9.9×5.9		
○	20	閑院宮載仁親王	鶏卵紙	①8.5×5.5、②9.9×6.0		
○	21	西郷従道	鶏卵紙	①8.4×5.5、②9.9×6.0		
○	22	山田顕義	鶏卵紙	①6.5×4.0、②9.9×5.8、③8.0×5.3		
○	23	皇居・山里の吊橋	鶏卵紙	①5.5×8.5、②6.3×10.5		
○	24	皇城(旧江戸城)虎ノ門	鶏卵紙	①5.6×9.0、②6.3×10.6(台紙)		
○	25	愛宕山からみた景色	鶏卵紙	①5.5×9.4、②6.3×10.5		
○	26	東京招魂社灯明台	鶏卵紙	①5.2×8.3、②6.3×10.5		
○	27	竹橋陣営	鶏卵紙	①5.5×8.8、②6.3×10.6		
○	28	神奈川裁判所	鶏卵紙	①5.4×9.3、②6.4×10.5	明治8(1875)年～同10年頃	
○	29	東京大手町・大蔵省	鶏卵紙	①5.2×8.5、②6.1×9.9		
○	30	日本橋・第一国立銀行	鶏卵紙	①5.3×8.5、②6.3×10.5	明治4(1871)年～同8年頃	
○	31	日本橋・第一国立銀行	鶏卵紙	①5.4×8.5、②6.2×10.1		
○	32	女学校	鶏卵紙	①5.5×8.6、②6.3×10.5	明治5(1872)年2～11月頃	
○	33	開成学校	鶏卵紙	①8.5×5.5、②10.5×6.3	明治6(1873)年4月～同7年5月頃	

6)印刻(プリント)等	7)書き込み・包紙の有無等	8)保管番号
(表)「NOTMAN & CAMPBELL_BOSTON.」、(裏)「W. NOTMAN NOTMAN & CAMPBALL 4 Park Street, BOSTON BRANCHES AT Cambridge Mass, New Haven Conn, Easton Pa..」	(裏)「Truly Yours in φΔθ, Charles W. Bixby [ ], Lafayette 76. Nov. 16th 1877」。(26)アルバム入り。	26-86
(表)「NOTMAN & CAMPBELL_BOSTON.」,(裏)「W. NOTMAN, NOTMAN & CAMPBALL 4 Park Street, BOSTON BRANCHES AT Cambridge Mass, New Haven Conn, Easton Pa.」	(裏)「A.C.M. Tanley. Altoona, Pa. φΔθ class '81. Lafayette.」。(26)アルバム入り。	26-96
(表)「NOTMAN & CAMPBELL_BOSTON.」,(裏)「W. NOTMAN, NOTMAN & CAMPBALL 4 Park Street, BOSTON BRANCHES AT Cambridge Mass, New Haven Conn, Easton Pa.」	(裏)「Wherever aged the wide, wide world you may be, I beg to be kept in memory as the greatest compliment of a friend at Rev. J.S. Hunter. Savannah Ohio. Lafayette College, Easton, Pa. Class '78. Long live & flourish φΔθ.」。(26)アルバム入り。	26-92
(表)「Sarony 680 BROADWAY, N.Y.」	(26)アルバム入り。	26-115
(裏)「"THE BRADY NATIONAL GALLERY." Hor□□ 627 Pensylvania Avenue, WASHINGTONG. D.C.」	(裏)「Pres. Lincoln」。(26)アルバム入り。	26-116
(表)「HORACE GREELEY」	(26)アルバム入り。	26-124
台紙に金縁枠。	(裏、付箋)「日光宝蔵」。(18)封筒一括。	18-2
台紙に金縁枠。	(18)封筒一括。	18-1
台紙に金縁枠。	(18)封筒一括。	18-8
台紙に金縁枠。	(裏、付箋)「東京　芝」。(18)封筒一括。	18-6
台紙に金縁枠。	(18)封筒一括。	18-4
台紙に金縁枠。	(裏、付箋)「大坂本願寺境内」。(18)封筒一括。	18-5
台紙に金縁枠。	(18)封筒一括。	18-9
台紙に金縁枠。	(18)封筒一括。	18-7
台紙に金縁枠。	(18)封筒一括。	18-3
台紙に赤線枠。	(18)封筒一括。内田九一の合成複写か。	4-4-2
台紙に金色飾り枠。	(18)封筒一括。	18-12
台紙に金色飾り枠。	(18)封筒一括。	18-11
台紙に金色飾り枠。	(18)封筒一括。	18-13
(裏)「東京印刷局写真」	(26)アルバム入り。	26-104
台紙に赤線枠。	(26)アルバム入り。	26-146
	(26)アルバム入り。手彩色。	26-5
	(裏)「東京　印刷局　写真」。包紙あり。	4-8-1
台紙に赤線枠。	(裏)「伊藤公」。(26)アルバム入り。	26-145
台紙に赤線枠。	(26)アルバム入り。	26-103
台紙に赤線枠。	(26)アルバム入り。	26-144
台紙に赤線枠。	(26)アルバム入り。	26-147
台紙に赤線枠。	(裏)「山田公」。(26)アルバム入り。	26-150
台紙に茶線枠。	(26)アルバム入り。	26-41
台紙に茶線枠。	(裏)「a part of city Yeddo」	16-11-11
台紙に茶線枠。	(26)アルバム入り。	26-33
台紙に茶線枠。	(26)アルバム入り。	26-39
台紙に茶線枠。	(26)アルバム入り。	26-28
(裏)「FREWER & EVANS. LONDON.」、台紙に青線枠。	(裏)「サイバンシヨ」。(26)アルバム入り。	26-38
台紙に赤線枠。	(裏)「大蔵省」。(26)アルバム入り。	26-114
台紙に茶線枠。	(26)アルバム入り。	26-37
台紙に赤線枠。	(裏)「バンク　三井之屋舗」。(26)アルバム入り。	26-113
台紙に茶線枠。	(26)アルバム入り。	26-44
台紙に茶線枠。	(26)アルバム入り。	26-46

重文指定	番号	1）名称（被写体）	2）技法等	3）サイズ（①イメージ内寸、②外寸等）	4）年代	5）撮影者（写真館）
○	34	東京築地	鶏卵紙	①5.4×9.3、②6.3×10.5	明治6（1873）年8月～同8年12月頃	
○	35	銀座通り（町並み）	鶏卵紙	①5.5×9.4、②6.3×10.5		
○	36	東京芝増上寺	鶏卵紙	①20.7×26.6、②23.7×29.6		内田九一
○	37	浅草寺仁王門	鶏卵紙	①5.3×8.3、②6.2×10.1（台紙）		
○	38	上野ガアデン（上野大仏）	鶏卵紙	①5.3×8.3、②6.2×10.1		
○	39	横浜駅	鶏卵紙	①5.5×9.2、②6.4×10.5		
○	40	横浜町会所	鶏卵紙	①5.4×9.3、②6.4×10.5		
○	41	横浜税関	鶏卵紙	①5.2×9.3、②6.4×10.6	明治6（1873）年～同15年頃	
○	42	横浜伊勢山からの風景	鶏卵紙	①5.3×9.2、②6.4×10.5		
○	43	横浜伊勢山下ガス会社	鶏卵紙	①5.5×8.5、②6.2×10.0		
○	44	横浜・弁天橋	鶏卵紙	①5.3×9.2、②6.4×10.5		
○	45	横浜・フランス公使館	鶏卵紙	①5.2×9.1、②6.4×10.5		
○	46	横須賀造船所	鶏卵紙	①21.2×27.8、②23.2×29.8	明治9（1876）年～同11年頃	
○	47	艦船進水式	鶏卵紙	①5.3×8.3、②6.1×10.1（台紙）		
○	48	軍艦扶桑	鶏卵紙	①5.3×8.4、②6.1×10.1（台紙）		
○	49	京都御所	鶏卵紙	①5.2×7.9、②6.2×10.1	明治5（1872）年	
○	50	京都・円山	鶏卵紙	①20.9×26.7、②30.5×42.0		
○	51	大阪天王寺	鶏卵紙	①5.1×9.0、②6.2×10.1（台紙）		
○	52	住吉大社反り橋	鶏卵紙	①5.4×8.9、②6.2×10.1（台紙）		
○	53	大阪・高麗橋	鶏卵紙	①5.1×8.0、②6.3×10.5		
○	54	長崎湾口風景（高鉾島）	鶏卵紙	①21.0×26.8、②30.6×41.2		

5　江川邸と伊豆韮山の人々

○	1	江川邸と山木遠景	鶏卵紙	①18.4×21.3、②22.9×29.1（台紙）		
○	2	江川邸裏門と韮山製糸場遠景	鶏卵紙	①21.4×26.9、②24.6×32.0（台紙）	明治10（1877）年12月か	
○	3	韮山製糸場	鶏卵紙	①5.9×9.3、②6.3×10.4（台紙）	明治10（1877）年12月か	
○	4	韮山製糸場と女工たち	鶏卵紙	①6.0×9.0、②6.3×10.4（台紙）	明治10（1877）年12月か	
○	5	私立伊豆学校の集合写真	鶏卵紙	①9.2×13.2、②15.4×20.7（台紙）		
○	6	富士山遠景	鶏卵紙	①5.3×8.3、②6.0×9.9		
○	7	竜城学校と富士山の眺望	鶏卵紙	①18.3×21.9、②22.9×29.4（台紙）		
—	8	江川邸表門	ゼラチンシルバー	①10.6×14.7、②12.2×18.0（台紙）	明治32（1899）年4月29日	
—	9	江川邸表門遠景	ゼラチンシルバー	①10.1×13.6、②13.1×18.7		T. 行方
—	10	江川邸表門遠景	ゼラチンシルバー	①10.1×27.4、②22.1×44.8、③10.1×27.4		三越写真室
—	11	江川邸正面玄関	ゼラチンシルバー	①9.4×13.4、②13.1×20.1（台紙）		T. 行方
—	12	江川邸土間の生柱	ゼラチンシルバー	①13.3×9.8、②17.2×12.8（台紙）		T. 行方
—	13	江川英龍墓石	ゼラチンシルバー	①20.6×26.7、②20.8×26.4		
—	14	本立寺墓所遠景	ゼラチンシルバー	①11.2×27.5、②22.3×44.9、③11.2×27.5		三越写真室
—	15	江川家墓所遠景	ゼラチンシルバー	①11.3×27.7、②22.2×44.7、③11.3×27.7		三越写真室
—	16	江川邸表門	ゼラチンシルバー	①9.6×13.3、②12.3×17.7、③9.7×13.4	明治43（1910）年4月13日	T. 行方
—	17	旧韮山中学校から富士山を望む風景	ゼラチンシルバー	①11.4×27.8、②22.3×44.7、③11.4×27.8		三越写真室
—	18	江川邸表門	ゼラチンシルバー	①9.9×13.8、②12.3×17.6	明治43（1910）年4月13日	T. 行方
—	19	江川邸庭園	ゼラチンシルバー	①5.1×7.5、②5.5×8.0（台紙）		
—	20	江川邸庭園	ゼラチンシルバー	①5.1×7.5、②5.5×8.0（台紙）		
—	21	江川邸書院と庭園	ゼラチンシルバー	①8.0×11.5、②13.6×17.0、③8.4×12.0	大正2（1913）年1月5日	

6)印刻(プリント)等	7)書き込み・包紙の有無等	8)保管番号
台紙に茶線枠。	(26)アルバム入り。	26-36
台紙に茶線枠。	(26)アルバム入り。	26-29
台紙に金縁枠。	(裏、付箋)「東京　芝」	18-14
台紙に赤線枠。	(裏)「浅草カンノン前」。包紙あり、(包紙墨書)「御叔母様へ、天子様之御写真」。	4-4-1
台紙に赤線枠。	(裏)「上野ガアデン」。(26)アルバム入り。	26-110
(裏)「FREWER & EVANS. LONDON.」、台紙に緑線枠。	(裏)「ステンシヨン」。(26)アルバム入り。	26-35
(裏)「FREWER & EVANS. LONDON.」、台紙に青線枠。	(裏)「マチガイシヨ」。(26)アルバム入り。	26-32
(裏)「FREWER & EVANS. LONDON.」、台紙に青線枠。	(裏)「セイカン」。(26)アルバム入り。	26-31
(裏)「FREWER & EVANS. LONDON.」、台紙に青線枠。	(裏)「イセ山ゟ海岸」。(26)アルバム入り。	26-34
	(26)アルバム入り。内田九一の複写か。	26-30
(裏)「FREWER & EVANS. LONDON.」、台紙に青線枠。	(裏)「弁天橋」。(26)アルバム入り。	26-40
(裏)「FREWER & EVANS. LONDON.」、台紙に緑線枠。	(裏)「フランスカン」。(26)アルバム入り。	26-45
		92
台紙に赤線枠。		16-7-1
台紙に赤線枠。	(付箋)「扶桑艦」	16-7-2
	(26)アルバム入り。	26-43
台紙に茶色飾り枠。		64-2
	(表)「(朱印)大阪」 (裏面墨書)「天王寺」。包紙あり。	4-2-3
台紙に青線枠。	(裏)「摂津住吉反橋」	4-6-6
台紙に茶線枠。	(26)アルバム入り。	26-42
台紙に茶色飾り枠。		64-3
		21-3
	(表付箋)「森田宅」「岡田宅」「天神山」	21-2
	包紙あり。	4-6-11
	包紙あり。	4-6-12
(表)「私立伊豆学校」。台紙に金色飾り枠。		17-1
台紙に赤線枠。	(26)アルバム入り。	26-111
	(表貼紙)「韮山中学校ヨリ小学校ヲ眺望ノ□」	21-1
	(台紙裏)「明治三十二年四月二十九日撮影 技手文学士幸田成友」	22-34
(表)「T. Namekata. MISHIMA, JAPAN.　行方寫　豆州三島町」		24-17-4
(表)「(越)T. SHIBATA Mitsukoshi Store SURUGACHO TOKYO.」		87
(表)「T. Namekata　京都深草　伊豆三島　行方写真館」	(裏)「江川文庫」	23-25
(表)「T. Namekata　豆州三島町　行方寫」	(裏)「江川文庫」	23-6-1
	(裏)「江川坦庵公墓所」	69
(表)「(越)T. SHIBATA Mitsukoshi Store SURUGACHO TOKYO.」		83
(表)「(越)T. SHIBATA Mitsukoshi Store SURUGACHO TOKYO.」		81-2
(表)「T. Namekata　豆州三島町　行方寫」		24-21
(表)「(越)T. SHIBATA Mitsukoshi Store SURUGACHO TOKYO.」		82
(表)「T. Namekata　豆州三島町　行方写」	(裏)「明治四十三年四月十三日　皇后陛下行啓干草屋因芥賦　聖徳寛洪儀不繋玉車容易達柴門仁風山其啻浦松上吹及韮山々下村春緑江川英武㊞㊞」	柏木家コレクション(柏木俊秀氏所蔵)
	(22-90)封筒同梱。	22-90-13
	(22-90)封筒同梱。	22-90-9
	(裏)「大正癸丑一月五日写、坪谷水哉㊞」	35-7-2b

重文指定	番号	1)名称(被写体)	2)技法等	3)サイズ(①イメージ内寸、②外寸等)	4)年代	5)撮影者(写真館)
—	22	庭池と海軍軍人	ゼラチンシルバー	①9.7×14.0、②13.5×20.3、③9.7×14.0	大正2(1913)年	秋山
—	23	江川邸井戸替え風景	ゼラチンシルバー	①9.5×14.0、②16.5×21.0(台紙)		S. 村上
—	24	江川邸から富士山を望む風景	ゼラチンシルバー	①7.5×10.4、②9.9×14.0	明治41(1908)年1月7日	
—	25	江川邸裏門より富士山を望む風景	ゼラチンシルバー	①9.6×13.5、②12.4×17.7(台紙)		
—	26	韮山城址と富士山の遠景	ゼラチンシルバー	①9.3×26.8、②29.8×37.8②	明治42(1909)年1月	三越写真室
—	27	江川邸付近から富士山方向を望む遠景	ゼラチンシルバー	①11.3×27.8、②22.3×44.9、③11.3×27.8		三越写真室
—	28	本立寺・金谷方向から江川邸、山木を望む遠景	ゼラチンシルバー	①11.4×27.6、②22.2×44.7、③11.4×27.6		三越写真室
—	29	江川邸裏門方向から韮山城址を望む風景	ゼラチンシルバー	①11.4×27.7、②22.2×44.8、③11.4×27.7		三越写真室
—	30	韮山風景(旧韮山中学校付近)	ゼラチンシルバー	①9.8×13.6、②12.3×17.7(台紙)		T. 行方
—	31	蛭が小島記念碑	ゼラチンシルバー	①9.8×13.8、②12.5×17.8(台紙)		T. 行方
—	32	韮山風景(城池より富士を望む)	ゼラチンシルバー	①9.7×13.5、②12.3×17.7(台紙)		
—	33	韮山風景	ゼラチンシルバー	①8.6×13.7		
—	34	沼津風景(沼津から富士山を望むか)	ゼラチンシルバー	①8.7×13.7		
○	35	修善寺温泉遠景	鶏卵紙	①7.5×10.4、②8.1×12.6(台紙)		
○	36	修善寺温泉	鶏卵紙	①7.5×10.4、②8.2×12.6(台紙)		
○	37	修善寺温泉	鶏卵紙	①7.5×10.4、②8.1×12.6(台紙)		
○	38	修善寺温泉	鶏卵紙	①7.4×10.4、②8.2×12.6(台紙)		
—	39	修善寺温泉	鶏卵紙	①7.4×10.5、②8.2×12.6		
—	40	修善寺温泉	鶏卵紙	①7.4×10.4、②8.1×12.6		
—	41	修禅寺本堂前の記念写真	ゼラチンシルバー	①10.4×14.7、②14.9×19.0(台紙)		
○	42	牛臥真景	鶏卵紙	①5.8×8.7、②7.7×12.0(台紙)		T. 鈴木
○	43	牛臥真景	鶏卵紙	①5.8×8.8、②7.7×12.0(台紙)		T. 鈴木
○	44	牛臥真景	鶏卵紙	①8.7×5.8、②7.7×12.0(台紙)		T. 鈴木
○	45	江川英武	鶏卵紙	①15.5×10.5、②19.9×14.1(額)		P. Elehillman
○	46	江川英武	鶏卵紙	①14.7×10.5、②16.4×10.8(台紙)		丸木利陽
○	47	江川英武	鶏卵紙	①11.1×8.8、②16.6×10.8(台紙)		Notman & Campbell
○	48	江川(伊丹)勢以	鶏卵紙	①10×6.2、②10.8×6.6(台紙)		鈴木真一
○	49	江川(伊丹)勢以	鶏卵紙	①9.7×5.9		
○	50	江川英武	鶏卵紙	①8.9×5.6		
—	51	江川英武	ゼラチンシルバー	①14.2×10.0、②20.5×15.0		佐藤福待
—	52	江川英武	ゼラチンシルバー	①14.4×9.9、②18.4×12.4	明治33(1900)年11月6日	大川学
—	53	コレクションに囲まれる江川英武	ゼラチンシルバー	①14.1×9.9、②21.3×15.7		
—	54	江川英武	ゼラチンシルバー	①10.7×15.2、②19.5×25.0	大正10(1921)年4月	S. SAEGUSA
—	55	江川勢以	ゼラチンシルバー	①13.2×9.1、②24.4×16.1、③13.4×9.3		三越写真室
—	56	江川英武	ゼラチンシルバー	①10×7.4、②12.1×8.2		

6)印刻(プリント)等	7)書き込み・包紙の有無等	8)保管番号
(表)「秋山　横須賀軍港　山王前」	包紙あり。(32-1)同梱包、(郵便封筒差出書)「海軍機関学校監事部」、宛先は「伊豆韮山村江川英武殿、写真二枚」。消印は横須賀・２年９月16日、牛込弁天町へ転送の附紙あり。	32-1-1
(表)「S. Murakami　伊豆北条　村上寫真舘」	(裏)「江川文庫」	23-27
(表)「Photographer. EMPIRE, JAPAN.」	(裏)「明治四十一年一月七日　辱知　渋澤元治　呈江川賢台」。封筒あり、(封筒表書)「伊豆国韮山村字韮山　江川英武様　御奥御人々」、(封筒裏書)「東京牛込市ヶ谷仲ノ町五七、しぶ澤」	91-2
(表)「T. Namekata　豆州三島町　行方寫」	(裏書)「江川文庫」	24-15-1
	三越写真室製アルバム	98-7
(表)「(越)T. SHIBATA Mitsukoshi Store SURUGACHO TOKYO.」		88-2
(表)「(越)T. SHIBATA Mitsukoshi Store SURUGACHO TOKYO.」		88-1
(表)「(越)T. SHIBATA Mitsukoshi Store SURUGACHO TOKYO.」		88-3
(表)「T. Namekata. MISHIMA, JAPAN.　行方寫　豆州三島町」		23-3
(表)「T. Namekata. MISHIMA, JAPAN.　行方寫　豆州三島町」		23-4
(表)「T. Namekata. MISHIMA, JAPAN.　行方寫　豆州三島町」	(裏)「江川文庫」	24-15-2
(裏)「POST CARD」	写真絵葉書	28-1
(裏)「POST CARD」	写真絵葉書	28-2
	(22-97)封筒にて同梱。(封筒)「三越寫眞係 東京 日本橋 電話日本橋(24)3311.-3357.」。	22-97-6
	同上	22-97-3
	同上	22-97-5
	同上	22-97-2
	(24-19)封筒にて同梱。(封筒印刷)「美術写真、牛込区北山伏町、共栄館」。(22-97)に元来同梱か。	24-19-5
	同上。	24-19-4
	(裏)「修善寺講話」	24-4
(表)「T. Suzuki,　鈴木　沼津城内　静岡江川町」	(4-9)封筒にて同梱、(封筒印刻)「牛臥真景　三島館」	4-9-2
(表)「T. Suzuki,　鈴木　沼津城内　静岡江川町」	同上	4-9-1
(表)「T. Suzuki,　鈴木　沼津城内　静岡江川町」	同上	4-9-3
(表)「P. Elehillman, 914 Arch St.」	額入り、(額裏墨書抹消)「江川鶴」。	2-1
(裏)「MARUKI RIYO Photographer TOKIO Atarashi-Bashi-Uchi 丸木利陽　東京新シ橋内　写真師」	(16-2)同梱。	16-2-1
(表)「NOTMAN & CAMPBELL_BOSTON」 (裏)「W. NOTMAN., NOTMAN & CAMPBELL 4 Park Street, BOSTON BRANCHES AT Cambridge Mass, New Haven Conn, Easton Pa.」	同上	16-2-5
(裏)「鈴木真一　横濱真砂町　東京九段坂　S. Suzuki Photographer Kudanzaka Tokio and Masagocho Yokohama JAPAN.」。台紙に金線枠。		17-3
	(裏)「江川勢以」	35-5-14
		35-5-12
(表)「Taken by H.F. SATOW G.I.C.P.　米国写真学士佐藤福待撮影」、(裏)「ARTISTIC PHOTGRAPHER H.F. SATOW, Studio Kudanzaka Tokyo Japan, Phone No. BANCHO 341.　佐藤華江、東京九段坂 電話番町三百四一番　種板ハ永久保存シ置何時ニテモ焼増調達ス Negative No 7421」		35-3
(表)「K. Okawa」、(裏)「大川学　東京神田區三崎町三丁目　K. Okawa. Photographer Artistic 3 Chome Misakicho Kanda Tokyo」	(台紙裏)「明治卅三年十一月六日写之　翫古書齋主人畢生㊞」	101-66
(表紙)「Artistic Photograph」		101-8
(表)「S. SAEGUSA　三枝　伊豆長岡温泉」。台紙に黄線枠。	(裏)「大正十年四月吉日賜之」	柏木家コレクション(柏木俊秀氏所蔵)
(表)「(越)T. SHIBATA Mitsukoshi Store SURUGACHO TOKYO.」		58
		47-11-5

重文指定	番号	1）名称（被写体）	2）技法等	3）サイズ（①イメージ内寸、②外寸等）	4）年代	5）撮影者（写真館）
—	57	江川英武	ゼラチンシルバー	①10.5×7.6、②14.0×9.9	明治41（1908）年1月7日	
—	58	江川英武	ゼラチンシルバー	①11.4×7.9、②17.0×13.7、③11.9×8.5		
—	59	江川邸書院と江川英武	ゼラチンシルバー	①11×15.3、②25.6×31.6（額）		
—	60	山田三良・（江川）繁子夫妻	ゼラチンシルバー	①14.1×9.9、②21.3×16.7	明治37（1904）年5月30日	佐藤福待
—	61	山田三良	ゼラチンシルバー	①13.2×9.1、②13.4×9.3	明治43（1910）年2月11日	
—	62	山田三良	ゼラチンシルバー	①21.2×17.1、②14.0×10.2	明治39（1906）年1月30日	佐藤福待
—	63	山田三良	ゼラチンシルバー	①15.0×10.2、②27.6×18.2、③15.9×11.3	昭和5（1930）年11月3日	
—	64	山田三良	ゼラチンシルバー	①15.5×10.7、②26.7×17.3		
—	65	江川英文	ゼラチンシルバー	①8.3×5.4、②17.0×10.5（台紙）		Y. 橋本
—	66	山田（江川）亀子	ゼラチンシルバー	①9.5×4.7、②17.8×9.0（台紙）	明治40（1907）年8月9日	長谷川武七
—	67	辰野金吾	ゼラチンシルバー	①20.4×13.6、②33.4×24.2		小川一真
—	68	辰野金吾と家族写真	ゼラチンシルバー	①13.6×9.2、②17.3×12.7、③13.7×9.3		
—	69	辰野隆	ゼラチンシルバー	①6.8×5.5、②7.4×5.6		三越写真室
—	70	辰野隆・（江川）久子夫妻	ゼラチンシルバー	①9.5×13.8、②18.2×22.3	大正5（1916）年11月	大武丈夫
—	71	ピアノ演奏の風景	ゼラチンシルバー	①8.8×13.2、②13.8×19.6（台紙）		木村
—	72	早稲田小学校での体操風景	ゼラチンシルバー	①9.8×14.2、②13.6×17.4（台紙）		すみれ写真館
—	73	江川英武と生徒・教職員ら集合写真	ゼラチンシルバー	①20.7×26.4、②32.3×39.8		
—	74	小学校の集合写真	ゼラチンシルバー	①10.5×15.1、②18.4×24.4	明治41（1908）年7月28日	
—	75	雛祭り	ゼラチンシルバー	①8.9×13.3、②18.0×21.0（台紙）		Y. 橋本
—	76	端午節句	ゼラチンシルバー	①13.7×19.6、②24.0×30.0（台紙）		対馬務
—	77	江川英武と集合写真	ゼラチンシルバー	①15.5×11.2、②23.7×18.9（台紙）		
—	78	具足姿の人物	ゼラチンシルバー	①13.7×9.9、②18.6×13.1		T. 行方
—	79	具足	ゼラチンシルバー	①13.4×9.2、②19.4×13.4（台紙）		
—	80	徳川慶喜・慶久・実枝子	ゼラチンシルバー	①14.1×10.2、②23.8×16.3	明治42（1909）年1月か	佐藤福待
—	81	徳川家達・泰子・家正・正子	コロタイプ	①20.3×13.3、②28.2×19.1、③22.2×15.2	明治42（1909）年か	小川一真
—	82	徳川家達・泰子	ゼラチンシルバー	①19.3×13.3、②32.6×23.0		森川愛三
—	83	河瀬真孝	ゼラチンシルバー	①26.6×18.0、②41.2×34.1、③30.1×21.8		
—	84	中浜東一郎	ゼラチンシルバー	①10.2×6.7、②19.0×12.3（台紙）	昭和6（1931）年6月	江木写真館
—	85	江川邸表門正面での記念写真	ゼラチンシルバー	①8.0×11.5、②13.6×17.0、③8.4×12.2	大正2（1913）年1月5日	坪谷水哉
—	86	男性三人記念写真	ゼラチンシルバー	①13.2×9.1、②23.1×14.7、③13.6×9.4		T. 三枝
—	87	大鳥圭介	ゼラチンシルバー	①27.4×20.8、②43.1×34.9、③27.8×21.2		三越写真室
○	88	仁田大八郎	鶏卵紙	①9.4×6.3、②10.6×6.6	明治26（1893）年3月	丸木利陽
—	89	山田三良が内外の海軍将校を案内する図	ゼラチンシルバー	①21.4×27.2、②34.0×41.9		森川愛三
—	90	江川坦庵公遺墨展覧会入口	ゼラチンシルバー	①9.9×13.8、②12.4×17.6（台紙）	明治42（1909）年2月7日	T. 行方

6)印刻(プリント)等	7)書き込み・包紙の有無等	8)保管番号
(表)「Photographer. EMPIRE. JAPAN.」	(裏)「明治四十一年一月七日　辱知　渋澤元治　呈江川賢台」。(91)封筒にて同梱。	91-1
		90-3
		9-1
(表)「H.F. SATOW KUDANZAKA TOKYO JAPAN」	(裏)「明治三拾七年五月二十二日挙行、同月三十日旅行後撮影之、山田三良、謹呈江川御両親左右」	35-4
		35-5-15
(表)「TAKEN BY H.F. SATOW G.I.C. P　米國寫真學士　佐藤福待　撮　影」、(裏)「SATOW'S Photographic Studio Kudanzaka Tokyo Japan TELEPHONE No 341 BANCHO.　佐藤寫真館　東京九段坂　電話三四一　7209(数字のみ印)」	(台紙裏)「明治三十九年一月三十日撮影　三良　父上様」	101-71
		97
台紙に灰線枠。	見開き台紙、(封筒表)「御写真　オリエンタル写真工業株式会社」	35-8
(表)「Y. HASHIMOTO.　牛込區甲良町　橋本」		22-50
(表)「T. Hasegawa NAKASAKA-UWE. KUDAN, TOKIO.」 (裏)「T. Hasegawa NAKASAKAUWE KUDAN, TOKIO.　長谷川武七　東京九段中坂上」	(表)「Miss. Kameko Yamada, 9, 8, 07」、(裏)「Ticordo ol Kamekosan Yamada, il 9 Agosto 1907」	22-65
		68
		101-41
		35-6-72
(表)「T. Otake HIBIYA-PARK TOKYO　東京日比谷　大武丈夫謹寫」		101-48
(表)「東京赤坂　近歩三聯隊裏門脇　木村謹寫」		22-33
(表)「Sumire Kan　すみれ寫真館　東京牛込區西五軒町」	(裏)「早稲田小學校第三學年生　江川英文　江川」	23-2
		74
	(裏)「明治四拾一年七月廿八日撮影、江川やす子、七才六ケ月、山下久子・太田千代・小村エイ」	35-7-4
(表紙)「PORTRAIT」、(台紙)「Y. HASHIMOTO　牛込区甲良町　橋本」。台紙に黄線枠。		22-111
(台紙表)「T. Tsushima　對馬務　東京青山大横町」		22-124
(表)「Artistic PHOTOGRAPHER」		17-2
(表)「T. Namekata 豆州三島町　行方寫」。台紙に茶線枠。		90-1
(表)「ARTISTIC Photo-grapher」		24-11-3
(附紙)「今般徳川公爵家より、表慶者諸君に對し寫眞贈呈被致度旨を以て、送達方御依托相成候間、壱葉御送付申上候也、一月廿八日　表慶委員　赤松範一」、(裏)「佐藤寫眞舘　東京九段」	(合紙上書)「徳川慶喜　徳川慶久　徳川実枝子」、(合紙上書)「徳川慶喜　徳川慶久　徳川実枝子」	50-1
(裏)「小川一真謹寫」	(合紙上書)「家達　泰子　家正　正子」	50-2
(台紙表)「森川」	(台紙表)「家達　泰子」	101-2
		77
(表紙)「YEGHI ART STUDIO　新橋　江木冩真店　電話銀座七二七番」(台紙)「江木東京新橋　YEGHI ART STUDIO TOKYO」	(表紙)「謹呈　江川英武殿　中濱東一郎 昭和六年六月」	22-38
	(裏)「大正二年一月五日写、坪谷水哉㊞」、(35-7)同梱。	35-7-1
(表)「NAGAOKA IZU S. SAIGUSA　三枝　伊豆長岡温泉」		24-18-3
(表)「(越)T.SHIBATA Mitsukoshi Store SURUGACHO TOKYO」		71-1
(表)「R. Maruki　大日本東京　丸木利陽」,(裏)「写真師　丸木利陽　東京芝新シ橋角　国会議事堂前　R. Maruki PHOTOGRAPHIC ARTIST ATARASHIBASHI KADO TOKIO JAPAN.」、鶏卵紙の剥がれあり	(裏)「呈江川君　明治廿六年三月　仁田大八郎」。(26)アルバム入り。	26-108
(表)「A. Morikawa TOKYO」、(裏)「森川写真館」		78
(表)「T, Namekata　豆州三島町行方冩」		22-35

重文指定	番号	1）名称（被写体）	2）技法等	3）サイズ（①イメージ内寸、②外寸等）	4）年代	5）撮影者（写真館）
—	91	伊丹久子米寿祝賀集合写真	ゼラチンシルバー	①26.7×37.9、②39.4×52.8（台紙）	大正７（1918）年か	
—	92	河瀬（江川）英子葬儀	ゼラチンシルバー	①9.3×13.6、②15.4×22.8（台紙）	明治44（1911）年７月11日	
—	93	河瀬（江川）英子葬儀	ゼラチンシルバー	①9.5×13.9、②15.4×22.8（台紙）	明治44（1911）年７月11日	
—	94	河瀬（江川）英子葬儀	ゼラチンシルバー	①9.5×13.6、②15.4×22.8（台紙）	明治44（1911）年７月11日	
—	95	河瀬（江川）英子葬儀	ゼラチンシルバー	①9.3×13.9、②15.4×22.8（台紙）	明治44（1911）年７月11日	
—	96	河瀬（江川）英子葬儀	ゼラチンシルバー	①9.4×14.1、②15.4×22.8（台紙）	明治44（1911）年７月11日	
—	97	河瀬（江川）英子葬儀	ゼラチンシルバー	①9.8×13.6、②15.4×22.8（台紙）	明治44（1911）年７月11日	
6　韮山反射炉						
○	1	反射炉	鶏卵紙	①19.0×22.0、②22.8×29.3（台紙）		
—	2	反射炉	ゼラチンシルバー	①9.5×6.6、②13.4×10.2、③9.8×6.9	明治15（1882）年	
—	3	反射炉	ゼラチンシルバー	①11.2×7.8	明治30年代か	
—	4	反射炉	ゼラチンシルバー	①13.8×9.9、②17.6×12.3	明治30年代か	T. 行方
—	5	反射炉	ゼラチンシルバー	①13.6×9.3、②18.3×12.7、③13.6×9.3	明治30年代か	鈴木
—	6	反射炉	ゼラチンシルバー	①13.5×9.3、②18.3×12.7、③13.5×9.3	明治30年代か	鈴木
—	7	反射炉	ゼラチンシルバー	①13.6×9.3、②18.3×12.7、③13.6×9.3	明治30年代か	鈴木
—	8	反射炉	ゼラチンシルバー	①13.5×9.4、②18.3×12.7（台紙）	明治30年代か	C.鈴木
—	9	反射炉	ゼラチンシルバー	①9.0×6.2、②10.8×6.6、③9.0×6.2	明治33（1900）年８月	
—	10	反射炉	ゼラチンシルバー	①14.6×10.5、②19.0×14.8、③14.6×10.5	明治41（1908）年頃	
—	11	反射炉	ゼラチンシルバー	①10.6×14.8、②14.6×19.0、③10.6×14.8	明治41（1908）年頃	
—	12	反射炉	ゼラチンシルバー	①27.2×21.5、②42.1×35.0、③27.5×21.7	明治42（1909）年１月	三越写真室
—	13	反射炉	ゼラチンシルバー	①21.5×27.3、②35.0×42.1、③21.8×27.5	明治42（1909）年１月	三越写真室
—	14	反射炉	ゼラチンシルバー	①21.3×27.1、②29.8×37.8	明治42（1909）年１月	三越写真室
—	15	反射炉	ゼラチンシルバー	①10.1×27.5、②22.5×45.0	明治42（1909）年１月17日	三越写真室
—	16	反射炉	ゼラチンシルバー	①27.3×21.5、②42.0×35.0、③27.5×21.8	明治42（1909）年１月	三越写真室
—	17	反射炉	ゼラチンシルバー	①13.7×9.9、②18.6×13.0、③13.7×9.9	明治42（1909）年１月17日	T. 行方
—	18	反射炉	ゼラチンシルバー	①13.6×10.0、②18.6×13.0、③13.6×10.0	明治42（1909）年１月17日	T. 行方
—	19	反射炉	ゼラチンシルバー	①26.3×20.4、②29.8×37.8	明治42（1909）年１月17日	三越写真室
—	20	北条駅へ陸相到着	ゼラチンシルバー	①8.1×10.6	明治42（1909）年１月17日	
—	21	反射炉落成式	ゼラチンシルバー	①8.1×10.6	明治42（1909）年１月17日	
—	22	反射炉落成式	ゼラチンシルバー	①8.1×10.6	明治42（1909）年１月17日	
—	23	反射炉前での記念写真	ゼラチンシルバー	①13.0×9.7、②20.3×13.5、③13.0×9.7	大正２（1913）年	秋山
—	24	80ポンドボムカノン（靖国神社）	ゼラチンシルバー	①6.8×10.4、②12.6×15.6、③7.6×11.4	1950年頃	
—	25	反射炉	ゼラチンシルバー	①13.3×9.5、②22.0×14.6、③13.7×9.8		
—	26	反射炉記念碑除幕式	ゼラチンシルバー	①21.5×27.0、②32.1×41.0	大正15（1926）年10月10日	大門堂

6)印刻(プリント)等	7)書き込み・包紙の有無等	8)保管番号
	(裏)「H2738」。(付属紙片名前書) 「(前段左から)伊丹勝(伊丹二郎息子)、熊井静子(旧姓堀と子供)、不明、同女、山岡(江川)泰子、伊丹国子(妹)、多久秀子、伊丹二郎夫人つた江、伊丹久子米寿祝、江川久子、山田和子、伊丹二郎女香枝子、不明、伊丹末子(佐竹夫人)、二郎女、堀一郎女、同男、堀一郎夫人,(後段左から)鍋島夫人(多久氏姉)、伊丹二郎、山田(江川)繁子、熊井、山田(江川)亀子、江川せい、栗山剛一(息子)、多久千恵子、山田隆昭、栗山(勝蔵砲兵少将)夫人(晴雄姉)、山田三郎、山田夫人(梅田雲浜姓?)、(江川)英文、伊丹重雄、多久龍三、伊丹晴雄、中牟田(伊丹家来)、堀一郎、柏木(伊丹家来)、伊丹夫人と(武男)、吉川金蔵(伊丹家来)」	10-1
	(22-130)アルバム状に台紙合綴	22-130-2
	同上	22-130-3
	同上	22-130-4
	同上	22-130-7
	同上	22-130-8
	同上	22-130-9
	(表・付箋)「内藤宅」	21-4
		34-5-1
		4-10-2
(表)「T. Namekata 豆州三島町 行方寫」		27
(表)「C. Suzuki 鈴木 沼津城内吉原寺町」	(裏)「江川文庫」	34-1
(表)「C. Suzuki 鈴木 沼津城内吉原寺町」		34-4-1
(表)「C. Suzuki 鈴木 沼津城内吉原寺町」	(裏)「江川文庫」	34-4-2
(表)「C. Suzuki 鈴木 沼津城内吉原寺町」	(裏)「江川文庫」	23-26
(表)「PHOTOGRAPHER」。台紙に茶線枠。	(保護紙)「明治三十三年八月写之」	34-7
	(裏)「江川文庫」	34-12
	(裏)「江川文庫」	34-13
(表)「(越)T. SHIBATA Mitsukoshi Store SURUGACHO TOKYO」	(裏)「江川文庫」	64-10
(表)「(越)T. SHIBATA Mitsukoshi Store SURUGACHO TOKYO」	(裏)「江川文庫」	64-9
	(100)菊紋の絹織表紙・アルバム、台紙29.8×37.8、目次・見返し各前後1丁宛、本紙7丁。(目次)「陸軍省ヨリ施設セラレタル保存工事落成当日(明治四十二年一月十六日)ノ反射炉(嘉永六年英龍ノ創建セシ所)」	98-1
(表)「(越)T. SHIBATA Mitsukoshi Store SURUGACHO TOKYO.」		30
(表)「(越)T. SHIBATA Mitsukoshi Store SURUGACHO TOKYO」	(裏)「江川文庫」	64-8
(表)「T. Namekata 豆州三島町 行方寫」。台紙に茶線枠。	(裏)「江川文庫」	34-11
(表)「T. Namekata 豆州三島町 行方寫」。台紙に茶線枠。台紙に茶線枠。	(裏)「江川文庫」	34-10
	(100)アルバム。(目次)「明治四十二年一月十七日寺内子爵一行ノ記念撮影」	98-2
	(裏)「北条停車場に陸相の到着」	22-86
	(裏)「反射炉前の陸相」	22-85
	(裏)「反射炉前の石間一男及渡辺秘書官」	22-84
(表)「秋山 横須賀軍港 山王前」	(32-1)包紙同梱。	32-1-2
	(表)「80ポンド陸用砲 靖国神社境内 富国生命(旧遊就館) 江川坦庵製砲」	37-1
(表)「ARTISTIC PHOTOGRAPHER」	(裏)「江川文庫」	34-3
(表)「BY. G. HOBO DAIMONDO PHOTO STUDIO 大門堂 三島町 電話二五二番」。台紙に黄線枠。	(裏)「江川文庫」	64-11

重文指定	番号	1)名称(被写体)	2)技法等	3)サイズ(①イメージ内寸、②外寸等)	4)年代	5)撮影者(写真館)
7　江川邸—解体修理前のすがた(1960年頃)						
—	1	江川邸表門	ゼラチンシルバー	①10.9×15.6	1960年頃	
—	2	江川邸表門	ゼラチンシルバー	①10.9×15.6	1960年頃	
—	3	江川邸表門	ゼラチンシルバー	①10.9×15.6	1960年頃	
—	4	江川邸表門	ゼラチンシルバー	①10.9×15.6	1960年頃	
—	5	江川邸表門	ゼラチンシルバー	①10.9×15.6	1960年頃	
—	6	江川邸表門	ゼラチンシルバー	①10.9×15.6	1960年頃	
—	7	江川邸主屋玄関	ゼラチンシルバー	①10.9×15.6	1960年頃	
—	8	江川邸主屋玄関	ゼラチンシルバー	①10.9×15.6	1960年頃	
—	9	江川邸主屋玄関	ゼラチンシルバー	①10.9×15.6	1960年頃	
—	10	江川邸主屋玄関	ゼラチンシルバー	①10.9×15.6	1960年頃	
—	11	江川邸中庭の池から主屋をみる	ゼラチンシルバー	①10.9×15.6	1960年頃	
—	12	江川邸裏庭から主屋をみる	ゼラチンシルバー	①10.9×15.6	1960年頃	
—	13	江川邸裏庭から主屋をみる	ゼラチンシルバー	①10.9×15.6	1960年頃	
—	14	江川邸裏庭から主屋をみる	ゼラチンシルバー	①10.9×15.6	1960年頃	
—	15	江川邸裏庭から主屋をみる	ゼラチンシルバー	①10.9×15.6	1960年頃	
—	16	江川邸主屋の土間	ゼラチンシルバー	①10.9×15.6	1960年頃	
—	17	江川邸主屋の土間	ゼラチンシルバー	①10.9×15.6	1960年頃	
—	18	江川邸主屋の土間(煮炊き場)	ゼラチンシルバー	①10.9×15.6	1960年頃	
—	19	江川邸主屋の土間(天井の梁)	ゼラチンシルバー	①10.9×15.6	1960年頃	
—	20	江川邸主屋の土間(天井の梁)	ゼラチンシルバー	①10.9×15.6	1960年頃	
—	21	江川邸主屋の炉端	ゼラチンシルバー	①10.9×15.6	1960年頃	
—	22	江川邸主屋の炉端	ゼラチンシルバー	①10.9×15.6	1960年頃	
—	23	江川邸主屋の炉端	ゼラチンシルバー	①10.9×15.6	1960年頃	
—	24	江川邸離れの仏間内部(お会式)	ゼラチンシルバー	①11.1×15.7、②18.9×26.3(台紙)		T. 行方
—	25	江川邸書院前の内塀	ゼラチンシルバー	①10.9×15.6	1960年頃	
—	26	江川邸表塀	ゼラチンシルバー	①10.9×15.6	1960年頃	
—	27	江川邸内塀	ゼラチンシルバー	①10.9×15.6	1960年頃	
—	28	江川邸表塀	ゼラチンシルバー	①10.9×15.6	1960年頃	
—	29	江川邸主屋の南側の建物と二階家	ゼラチンシルバー	①10.9×15.6	1960年頃	
—	30	江川邸離れの仏間	ゼラチンシルバー	①10.9×15.6	1960年頃	
—	31	江川邸二階家	ゼラチンシルバー	①10.9×15.6	1960年頃	
—	32	江川邸離れの渡り廊下	ゼラチンシルバー	①10.9×15.6	1960年頃	
—	33	江川邸裏庭の蔵	ゼラチンシルバー	①10.9×15.6	1960年頃	
—	34	江川邸南北米蔵	ゼラチンシルバー	①10.9×15.6	1960年頃	
—	35	江川邸武器庫	ゼラチンシルバー	①10.9×15.6	1960年頃	
—	36	江川邸裏庭の小屋	ゼラチンシルバー	①10.9×15.6	1960年頃	
—	37	江川邸大工小屋	ゼラチンシルバー	①10.9×15.6	1960年頃	
—	38	江川邸裏門と大工小屋	ゼラチンシルバー	①10.9×15.6	1960年頃	
—	39	江川邸東蔵	ゼラチンシルバー	①10.9×15.6	1960年頃	

6)印刻(プリント)等	7)書き込み・包紙の有無等	8)保管番号
		番外
		番外
		番外
		番外
		番外
		番外
		番外
		番外
		番外
		番外
		番外
		番外
		番外
		番外
		番外
		番外
		番外
		番外
		番外
		番外
		番外
		番外
		番外
(表)「T. Namekata　伊豆　三島」		51-2
		番外
		番外
		番外
		番外
		番外
		番外
		番外
		番外
		番外
		番外
		番外
		番外
		番外
		番外
		番外

参考文献

岩下哲典「訂正増補版『中浜万次郎集成』に未収録の史料からみた万次郎」『土佐市談』257、2014年

江川文庫／橋本敬之『幕末の知られざる巨人 江川英龍』角川SSC新書、2014年

遠藤正治『本草学と洋学—小野蘭山学統の研究—』思文閣出版、2003年

岡田善治・初田亨「建築家松ヶ崎萬長の初期の経歴と青木周蔵那須別邸」『日本建築学会計画系論文集』514、1998年

霞会館資料展示委員会編『鹿鳴館秘蔵写真帖』平凡社、1997年

神奈川県建築士会編『神奈川県建築史図説』神奈川県建築士会、1962年

神山恒雄「創業期の日本洋紙製造業」『明治学院大学経済研究』130、2004年

川田維鶴撰『漂巽紀略 付 研究 河田小龍とその時代』高知市民図書館、1986年

宮内庁三の丸尚蔵館編『明治十二年明治天皇御下命「人物写真帖」』2013年

公益財団法人江川文庫『江川文庫—幕末の万能人・江川英龍—』2015年

公益財団法人江川文庫『韮山反射炉—代官・江川英龍の仕事—』2015年

幸田正孝「宇田川興斎の年代記—早稲田大学所蔵の『勤書』を含めて—」『洋学の家・宇田川家についての総合的調査と研究』(平成14年度～平成15年度科学研究費助成金研究成果報告書) 2003年

国立歴史民俗博物館『侯爵家のアルバム—孝允から幸一にいたる木戸家写真資料—』2011年

瀬戸口龍一「明治期における井伊家と士族たち」『専修大学紀要』7、2015年

谷　昭佳「中濱(ジョン)万次郎の写真事歴にみる江戸の最初期写真事情」『東京大学史料編纂所附属画像史料解析センター通信』39、2011年

谷　昭佳「初期紙焼写真の系譜　その１—薩摩藩の写真術研究—」『東京大学史料編纂所附属画像史料解析センター通信』49、2011年

谷　昭佳「Abel Gowerのガラス湿板ネガ原板に関する考察—Wilhelm Burgerの写真コレクションから—」『東京大学史料編纂所附属画像史料解析センター通信』55、2011年

豊田市教育委員会編『豊田市郷土資料館特別展　舎密から科学技術へ』2001年

ニコラ・フイエヴェ、松崎碩子編『フランス士官が見た近代日本のあけぼの』アイアールディー企画、2005年

韮山町史編纂委員会『韮山町史』全12巻、1979～1998年

萩博物館編『幕末明治の洋行者たち』2013年

橋本敬之『江川家の至宝』長倉書店、2015年

林　要一「古代ローマ遺跡の傍らに眠る四人の日本人」『霞関会会報』835、2015年

樋口雄彦「大築尚志略伝」『沼津市博物館紀要』11、1987年

樋口雄彦「写真史のなかの静岡藩と沼津兵学校」『沼津市博物館紀要』32、2008年

樋口雄彦「韮山代官手代の直参化と維新期の対応」『静岡県近代史研究』40、2015年

港区立港郷土資料館編『平成21年度港区立港郷土資料館特別展　増上寺徳川家霊廟』2009年

壬生町立歴史民俗資料館編『壬生のサムライ太平洋を渡る』2004年

山下英一「グリフィスと今立吐水」『英学史研究』8、1975年

山口昌男『知の自由人』日本放送出版協会、1998年

『万延元年 遣米使節史料集成』6、風間書房、1961年

『小島日記28（文久３年）』小島資料館、1984年
『美濃のポトガラヒィ事始め』岐阜県営業写真家協会、1990年

John Hannavy, *Encyclopedia of Nineteenth-Century Photography*, Routledge, 2013.
Edited, Annotated, and abridged by F.G. Notehelfer, *Japan Through American Eyes: The Journal of Francis Hall 1859-1866*, 2001
Wendy Cunkle Calmenson, *'Likenesses Taken in the Most Approved Style': William Shew, Pioneer Daguerreotypist*, California Historical Quarterly, Vol. 56, No. 1 (Spring, 1977), pp. 2-19
Peter Shew, William I. Shew,
http://freepages.genealogy.rootsweb.ancestry.com/~godfreyshewfamily/index.htm?ssmain=p39.htm;
copyright @ 2009 by Pete Shew,
United States Patent and Trademark Office, http://www.uspto.gov/
The Friend, Volume 17, Number 6, 1 June 1860
http://server.honstudios.com/mhm-friend/cgi-bin/mhm-friend?a=d&d=Friend18600601-01.2.16&cl=search&e=-------en-20--1--txt-IN-the+friend+1860----#

編　　集　　公益財団法人 江川文庫　代表理事　江川　洋
編集協力　　東京大学史料編纂所附属画像史料解析センター古写真研究プロジェクト
（プロジェクトメンバー）保谷　徹（東京大学史料編纂所教授）
箱石　大（東京大学史料編纂所准教授）
谷　昭佳（東京大学史料編纂所技術専門職員）
高山さやか（東京大学史料編纂所技術職員）
高橋則英（共同研究員、日本大学芸術学部教授）
吉田　成（共同研究員、東京工芸大学芸術学部教授）
執 筆 者　　保谷　徹　　谷　昭佳
橋本敬之（江川文庫主務）
（キャプション協力）吉岡誠也（東京大学史料編纂所学術支援専門職員）
撮影調査協力　田中里実（日本大学芸術学部専任講師）
日本大学芸術学部写真学科研究室

＊　　＊　　＊

江川文庫古写真コレクションの調査・研究は、日本学術振興会科研費 21520653、25370746 の助成を受け、東京大学史料編纂所附属画像史料解析センタープロジェクト経費を得て実施したものである。
また、国立歴史民俗博物館樋口雄彦教授より貴重なご助言・ご指導をたまわったことを付記して感謝したい。

写真集 日本近代化へのまなざし
韮山代官江川家コレクション

2016 年（平成 28）3 月 10 日　第 1 刷発行

編　　者　江　川　文　庫
編集協力　東京大学史料編纂所古写真研究プロジェクト
発 行 者　吉　川　道　郎
発 行 所　株式会社 吉 川 弘 文 館
郵便番号 113-0033
東京都文京区本郷 7-2-8
電話 03-3813-9151〈代表〉
振替口座 00100-5-244
http://www.yoshikawa-k.co.jp/

印刷＝株式会社 東京印書館
製本＝誠製本株式会社
装幀＝古川文夫

ISBN978-4-642-03852-2